智能化

供电服务指挥系统

建设与运行

国网江西省电力有限公司　组编

中国电力出版社
CHINA ELECTRIC POWER PRESS

内 容 提 要

国网江西省电力有限公司从组织机构、业务流程和运作模式等方面，构建了营配调融合、协同高效的供电服务管控体系。本书作者在总结建设经验的基础上，针对供电服务短板探索新型管理模式，围绕如何打造深度集成营销、运检、调度系统的智能化供电服务指挥系统，探索构建供电服务指挥体系的过程，进一步展望了智能化供电服务指挥系统的发展趋势。

本书可供电力企业的管理人员和供电服务指挥中心业务人员阅读使用。

图书在版编目（CIP）数据

智能化供电服务指挥系统建设与运行／国网江西省电力有限公司组编．—北京：中国电力出版社，2020.4

ISBN 978-7-5198-4367-0

Ⅰ．①智… Ⅱ．①国… Ⅲ．①供电－工业企业－商业－服务－中国 Ⅳ．① F426.61

中国版本图书馆 CIP 数据核字（2020）第 032719 号

出版发行：中国电力出版社

地　　址：北京市东城区北京站西街 19 号（邮政编码 100005）

网　　址：http://www.cepp.sgcc.com.cn

责任编辑：崔素媛（010-63412392）

责任校对：黄　蓓　马　宁

装帧设计：张俊霞

责任印制：杨晓东

印　　刷：三河市万龙印装有限公司

版　　次：2020 年 4 月第一版

印　　次：2020 年 4 月北京第一次印刷

开　　本：710 毫米 ×1000 毫米　16 开本

印　　张：11.25

字　　数：210 千字

定　　价：78.00 元

编委会

前　言

　　随着中国经济社会快速发展，"大云物移"应用技术深入人们生活，客户不再仅仅满足于传统用电服务。原有供电服务相关数据被割裂在各专业系统，存在专业间壁垒、信息不畅、技术支撑不足等问题，造成供电服务效率低、客户体验不佳、投诉时有发生，迫切需要我们创新服务模式。

　　国网江西省电力有限公司自 2015 年起，从组织机构、业务流程和运作模式等方面，构建了营配调融合、协同高效的供电服务管控体系。通过统一组织机构、职责流程、信息平台，保障供电服务链管控体系高效运转；通过强化服务事件统一指挥、服务质量闭环监控、市县业务集约管控和客户信息贯通融合，将问题导向与客户导向紧密结合，破解供电服务现实难题，推动营配调相关专业管理精益化发展；通过"事件预警、服务管控、资源统筹、快速响应"四种能力的总体提升，实现了供电服务效率、效果、效益的全面提高。

　　为了总结经验、推广做法，国网江西省电力有限公司组织一线管理人员，成立编写组，历时两年编写了本书。本书针对供电服务短板探索新型管理模式，围绕如何打造深度集成营销、运检、调度系统的智能化供电服务指挥系统，探索构建供电服务指挥体系的过程，进一步展望了智能化供电服务指挥系统的发展趋势。希望本书能给电力企业的管理人员带来启发，为构建"三型两网"世界一流能源互联网企业贡献自己的力量！

　　限于时间和精力，谬误在所难免，殷切期盼各位专家和同仁，不吝赐教，感激不尽。

编　者

2020 年 2 月

目　录
contents

第一章
供电服务指挥中心的建设与发展

第一节　供电服务指挥中心建设背景

一、供电服务管理面临的新形势

电力是关系国计民生的基础产业，电力供应和安全事关国家安全战略，事关经济社会发展全局。进入"十三五"，电力工业面临供应宽松常态化、电源结构清洁化、电力系统智能化、电力发展国际化、体制机制市场化等一系列新形势、新挑战。

1. 经济新常态给电力发展模式带来挑战

我国经济发展进入中高速增长的新常态，是党的十八大以来以习近平同志为核心的党中央在科学分析国内外经济发展形势、准确把握我国基本国情的基础上，针对我国经济发展的阶段性特征所做出的重大战略判断。这是当前和今后一个时期我国经济发展的"大逻辑"。

一直以来，我国电力发展基本遵循"扩张、保供"的思路，单纯增加发电装机和输配电容量来满足日益增长的用电需求。这种以数量扩张为主要特征的电力规划模式，在电力短缺时期对保障电力安全供应发挥了重要作用，也与当时经济社会发展要求"不缺电为第一要务"的大环境相适应。我国目前的电源规划模式是典型的"自下而上，层层批准"模式。在这种模式下，电源点的投资建设审批只是以投资主体资格和项目建设可行性为依据，而没有考虑单一电源与区域内其他电源、电网消纳能力以及负荷需求的协调问题，从而导致电源建成后的发电能力得不到充分利用。与此同时，电网建设往往无法跟上社会经济发展后生产自动化、智能化水平不断提高的步伐，局部地区高峰负荷情况下"低电压""重过载""卡脖子"现象凸显，严重影响客户用电感受。加上新能源电源及多元化负荷快速接入，广大电力用户对电网保障能力、供电质量和服务效率容忍度不断降低，个性化服务诉求越来越高，对电网企业综合服务能力、效率和质量形成挑战。

2. 电力市场机制改革给电力服务带来新要求

新一轮电力体制改革引发整体电力市场供应机制变化。输配电价改革后，输配电费基于"有效资产 + 准许收益"的方式核定，将对电网企业经营发展产生深远影响，急需转变"重投入轻产出、重安全轻效益"的发展思路，要求合理选择投资策略，最大化企业运营效率与效益，电网企业的发展规模和节奏、规划和投资方式、资产管理体系都要适应监管新要求。配售电改革改变了电网企业统购统销的模式，在增量配电领域面临其他主体竞争，导致配电网产权和经营主体多元化，部分用户用电需求的个性化增强，服务质量成为稳定客户的关键。电网企业既要作为普遍服务主要承担主体，公平无歧视提供各类供电服务，同时还要竞争增量配电网，提供个性化、差异化的服务，打破传统供电服务方式是必然的趋势。

3. 供电企业可持续发展要求提出新任务

电网企业作为集垄断性、公益性和服务性于一体的国有重点企业，关系到国家安全和国民经济命脉，承担着重要的经济责任、政治责任和社会责任。服务党和国家工作大局、服务电力客户、服务发电企业、服务社会发展是电力企业的宗旨和使命，是一切工作的出发点和落脚点，也是衡量我们工作的基本标准。

面对电力供需矛盾日益突出、电网安全运行形势日益严峻的现状，通过优质服务，优化资源配置，确保电力供应，减少供求矛盾，从而维护社会的稳定；通过优质服务，降低电网事故率，确保电网安全稳定运行，降低企业成本，保证企业经济的持续发展。

二、供电服务管理存在的突出问题

近年来电网企业的供电服务整体工作取得了长足的进步，供电服务建设取得了令人瞩目的成绩。服务形式规范化、业扩报装方式多样化、缴费方式简便化、咨询方式便捷化等一系列现代供电服务的特征正在逐步形成，文明、公开、方便、快捷的供电服务观念基本确立，应用现代科技、创新服务手段成效明显。但是面临市场竞争加剧、再电气化进程提速、客户需求日益多元化等新形势，当前供电服务管理中缺乏高效连接服务前端和服务后台的纽带，专业协同不足、过程管控弱化、信息共享不足等问题开始突显，影响配电网运营管理效益效率和供电优质服务水平。主要问题如下：

（1）服务前端资源统筹不够，无法适应客户多元化需求。

运检、营销、调控按专业化模式进行机构设置，直接面向市场和客户的服务资源被分散到运检、营销、调控等各个专业体系中，服务前端与后台资源缺乏有效的连接纽带，导致服务资源无法统筹调配，客户诉求不能一站式解决，无法适应客户多元化需求和今后配售电市场放开后的激烈竞争。

（2）专业壁垒尚未完全消除，制约公司服务整体效率提升。

组织架构未能从客户服务视角统筹，部分业务存在多头管理、责权不匹配、业务流程烦琐、审批环节多、部门间专业协同不足等问题，缺乏组织机构从客户需求视角对服务全过程协同管控、跟踪督办，导致服务工作协调难、客户诉求响应慢，无法满足客户需求一次性解决要求。如抢修派单、队伍抵达、故障修复时长分属调度、运检、营销三部门管理评价，制约抢修整体效率提升。

（3）专业管理目标和驱动力不统一，主动服务能力不足。

公司经营管理理念、服务机制、服务流程、考核评价主要以专业为导向，尚未将"以客户为中心"落实到机制、流程上，各专业工作模式和协同机制大都基于问题监管，缺少组织机构从提升客户服务需求视角分析客户需求、痛点和体验，主动挖掘专业服务管理薄弱点，导致服务创新驱动力不足，主动服务意识和主动服务能力难以提升，无法适应现代服务体系新要求。

（4）信息系统融合不足，无法支撑服务前端高效运转。

现有营配调专业信息系统相对独立，存在系统架构、信息模型、数据标准不统一等问题，导致各专业数据融合共享、深度挖掘难度大，难以实现数据资源高效利用。缺少以客户服务为中心，对各专业数据资源进行有机整合、智能分析的信息平台，联接前端服务和后台支撑的信息化纽带缺失，专业数据资源相对分散，集成度不高，数据管理信息资源综合利用和创新服务驱动力不足，难以实现客户需求大数据精准分析和服务策略智能优化，无法满足现代服务新体系要求。

第二节　供电服务指挥中心建设思路与历程

　　为有效解决供电服务面临的瓶颈问题，国家电网公司在二届六次职代会暨 2015 年工作会报告中提出了关于"加快营配调信息贯通和业务融合，健全客户工单统一受理、一体化抢修工作模式"的工作要求。为贯彻落实会议精神，国网江西省电力有限公司在全面分析供电服务现状的基础上，提出了树立"以客户为中心"的服务理念、建立供电服务指挥机构的设想，并于 2015 年初，按照"人员集中、业务集约、信息集成"的工作思路，正式启动市县公司供电服务指挥中心建设。

一、供电服务指挥中心建设思路

　　供电服务指挥中心总体建设思路是，通过建立供电服务指挥中心这一机构，运用大数据分析等新技术，从转变服务理念、变革组织架构、业务流程再造、统一信息平台等四个方面，建立营配调专业人员融合、业务融合、信息融合的横向协同工作机制和纵向集约管控机制，破解供电服务现实难题，达到对供电服务全业务覆盖、全流程指挥的集约化管理，实现供电服务水平的有效提高。

1. 落实新时代"以客户为中心"的供电企业服务理念

　　供电企业传统的发展理念是"重投入轻产出、重安全轻效益、重业务轻需求"，在此情况下的企业价值链为一条直线，以各业务环节的顺序依次成链，"规划为建设服务、建设为生产服务、生产为营销服务、营销为客户服务"，由营销人员面对客户，各业务环节的成果顺序传递，而客户的需求是逆序传递，无论是规划变为客户的体验还是客户的需求传到规划，都需要经过四个环节，尤其是三集五大以后，各业务环节的专业规范化、纵向集约化大大增强，但不同业务环节的横向传递效率更为降低。"以客户为中心"即是以满足客户需求为中心，根据企业价值链理论，因为各环节都需要直面客户，要将原本为直线的整个价值链变成一个环形，把客户放在中间，以客户需求的满足程度来衡量企业发展的成本与效益，来衡量组织管理的合理授权和有效管控程度，来把握业务的专业化和综合性的平衡、标准化和灵活性的平衡，如图 1-1 所示。要适应"以客户为中心"的理念，必须对组织机构、业务流程进行适应性调整，由供电服务指挥中心对内代表客户，将客户的用电需求转变为各专业日常的工作要求，引导各业务环节在工作中转变观念、提升服务意识，引导各级人员及时了解和满足客户需求，形成提高客户需求响应速度的良性循环，切实提高供电企业的本质服务能力和服务水平。

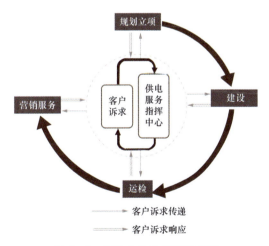

图 1-1　供电企业价值链环状图

2. 建立"以客户为中心"的供电服务指挥架构

根据企业协同管理理论，优化业务组织是改进业务模式、改善管理绩效的关键措施和根源驱动因素，通过组织融合是实现信息融合、资源融合的最有效手段。通过组建供电服务指挥中心这一机构，代表客户与企业内部各业务环节沟通，即可建立起"以客户为中心"的价值环。具体而言，就是将分散在调控、运检、营销三大专业的供电服务指挥业务相关人员集中办公，将分散在各专业、各层级的供电服务指挥指挥职能调整融合，弥补彼此短板，解决了抢修指挥流于形式、抢修人员拙于应对客户、服务人员疲于应付投诉、三方信息不对称等问题，实现服务指挥令出一门、一贯到底，缩短供电服务管理链条，充分适应配电网规划、用户办电、配电网抢修服务的综合性特点，在兼顾业务规范性和灵活性的基础上，提高业务办理和故障处置的响应速度，解决客户业务办理频繁往返不同专业部门的低效问题，保障供电服务的效率和质量，让主动服务成为可能。供电服务指挥中心组织机构变化示意图如图1-2所示。

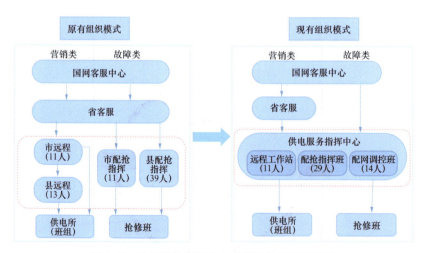

图1-2 供电服务指挥中心组织机构变化示意图

3. 开展"以客户为中心"的业务流程再造

新机构的产生往往意味着原有流程的再造与变革，为明晰新机构与原有机构之间的职责界面，围绕主动服务、跨专业争议工单、资源协调和紧急事件处置等关键环节，优化调整高压抢修、低压抢修、欠费复电、投诉和督办等9个主要业务流程，建立覆盖发展、建设、运维、调控、营销等全专业的服务考核评价机制,由供电服务指挥中心作为第三方,承担统一监督考核的职责,改变以往运检、营销等专业自我监督的模式,有效保障服务流程和标准的刚性执行,促进各级、各专业人员的工作由"专业导向"向"客户导向"转变,由客户报修后的"被动服务"向提供"主动服务"转变。

4. 建设"以客户为中心"的信息支持平台

基于"在线化、透明化、移动化"的信息技术手段,融合运检、调度、营销等三大专业现有的 8 个信息系统,建成供电服务指挥系统,如图 1-3 所示。应用大数据分析技术,充分融合"以客户为中心"的相关用电量、电网状态、用电需求、客户诉求等信息,强化供电服务信息支撑,实现各类供电服务业务线上透明运行,实现业务协同效益、业务灵活性和业务办理效率的提高,缓解组织架构调整周期的压力、组织结构优化的难度。通过精准高效的数据贯通和信息共享,各类供电服务业务流程监控、督办预警、权限分配、辅助决策、考核评价等均依托信息化手段办理,提高业务融合效率和服务效果。

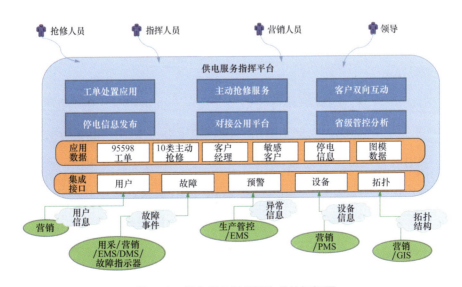

图 1-3 供电服务指挥平台总体框架图

二、主要建设历程

2015 年 1 月，国家电网公司在 2015 年工作会提出关于"加快营配调信息贯通和业务融合，健全客户工单统一受理、一体化抢修工作模式"的工作要求，江西省电力公司印发《关于推进供电服务指挥中心建设的工作意见》（赣电办〔2015〕23 号），启动供电服务指挥中心建设；同年 3 月，江西南昌、九江供电服务指挥中心按照矩阵式组织模式，采用柔性机构实体化运作，上线试运行。同年 6 月，国网江西省电力有限公司其余 10 家地市公司供电服务指挥中心均采用矩阵式组织模式，全部投入运行。

2017 年 1 月，国家电网公司在 2017 年工作会提出了"研究整合配电网运行协调、设备抢修、95598 工单接派、服务值班等力量，试点建立集营配调资源调动和业务运转于一体的供电服务指挥平台"的工作要求。2 月，国家电网公司印发《关于开展供电服务指挥平台建设试点工作的通知》（国家电网人资〔2017〕154 号），在全国网范围内启动供电服务指挥中心试点建设。同年 6 月，江西南昌等供电服务指挥中心作为第一批试点单位，完成机构实体化调整建设。

2018 年 3 月，国家电网公司印发《关于全面推进供电服务指挥中心（配网调控中心）建设工作的通知》（国家电电办〔2018〕493 号），全面推广供电服务指挥中心建设。6 月，江西公司作为第一批单位，所有 12 家地市公司供电服务指挥中心完成实体机构组织模式调整；同年 12 月，国家电网公司 27 个单位所属 336 家地市公司全部完成供电服务指挥中心建设。

三、主要建设内容

（一）组织架构建设

1. 职能定位

供电服务指挥中心对外是以客户为导向的供电服务统一指挥机构，对内是以可靠供电为中心的配电运营协同指挥平台。机构按照地市公司业务支撑和实施机构设置，科级建制，在营销、运检、调控的专业管理下，负责开展统一指挥、协调督办、过程管控、监控预警、分析评价等工作，实行 7×24h 全天候服务管控和服务响应。

2. 组织模式

各单位在供电服务指挥中心建设过程中采取以下组织模式。

（1）矩阵式。

负责人可由运检部、营销部、调控中心负责人轮值担任，或由一名副总师兼任。工作人员由运检、营销、调控等专业相关班组派驻。这种组织形态，与我国军队指挥体系改革遵循的"军委管总、军种主建、战区主战"的思路一致，横向协同与纵向管控均能有效实施。此种模式应重点解决团队激励与考核、员工职业生涯发展等问题，提高供电服务指挥中心整体运行效率。

（2）实体机构式。

新设立实体化的供电服务指挥平台，将运检、营销、调控等部门相关的职能和人员划入。此模式按照直线职能制进行管理，必须细化梳理与运检部、营销部、调控中心等部门形成的工作界面，优化职责分工，加强协同配合，避免形成新的部门壁垒，防止专业能力弱化、人员补充困难和职业发展瓶颈等问题产生。

（3）现有部门扩展式。

依托地市公司营配调等现有机构，将运检、营销、调控等部门的相关职能和人员划入，实现归口管理和统一指挥，并应细化梳理相关部门的职责界面，防范专业工作失衡与弱化。

（二）主要职责和业务流程优化

1. 主要职责

供电服务指挥中心承担的职责主要包括：

（1）配电网调控运行。

在接受调控中心专业管理的前提下，承担与客户用电直接相关的设备停送电管理、操作管理、作业许可及终结管理，指挥相应的配电网事故、异常情况处理。

（2）配电设备监测。

承担配电设备（含配电自动化）的状态监测、运行分析、缺陷管理、状态评价，承担重要客户的电能质量、负荷工况的实时监测，根据监测分析结果形成主动工单。

（3）服务事件受理派发。

承担受理 95598、电网运行、"互联网 + 供电服务"、政府热线、新闻媒体、行政值班等各类服务工单，并负责研判、派发、回复。

（4）抢修资源调配。

承担故障抢修资源的调配，包括抢修队伍、车辆、物资的统筹调配。

（5）主动工单管控。

承担主动工单（含主动抢修类、预警类）的研判、派发、督办、闭环及过程管控。

（6）业扩报装流程监控。

承担业扩报装流程时限的预警、督办。

（7）"互联网＋服务"线上业务监控。

承担"互联网＋服务"线上渠道服务申请的监控、预警、督办。

（8）服务事件过程管控。

承担服务事件全过程跟踪协调、催督办，监控各渠道服务风险事件，承担启动服务联动、应急管理工作。对供电服务工作质量进行分析、评价和考核。

2. 优化与新增的主要业务流程

供电服务指挥中心成立后，将原有的供电服务 5 项业务流程进行优化调整，并新增 4 项业务流程。

（1）原有业务流程。

1）故障抢修工单处置流程。供电服务指挥中心负责接收国网客服中心工单，进行分析研判后派发至处置部门（班组），根据实际情况指挥故障隔离，统筹调配抢修队伍、车辆、物资，并对抢修过程进行督办，将结果回复国网客服中心。

2）非故障抢修类工单处置流程。

供电服务指挥中心负责接收国网客服中心的非抢修类（如投诉、咨询类）工单，派发至处置部门（班组），对工单处置过程进行督办。

3）配电网设备运行监控流程。

供电服务指挥中心对配电设备（含配电自动化）进行状态监测、运行分析、缺陷管理、状态评价，负责重要客户的电能质量、负荷工况的实时监测，提出配电网建设改造建议。

4）停电信息发布流程。

供电服务指挥中心负责接收、汇总运检部、营销部报送的停电信息，根据营销部提供的资料确定停电范围、影响用户，发布至国网客服中心。

5）政府热线、行政值班、网络舆情等服务信息处理流程。

供电服务指挥中心负责收集各渠道供电服务信息，派发至处置部门，对处置过程进行督办。

（2）新增业务流程。

1）主动服务流程。

供电服务指挥中心根据技术支撑系统推送的主动抢修工单和预警工单，进行分析研判后派发至处置部门（班组），对工单处置过程进行督办，确保管理闭环。

2）业扩报装管控流程。

供电服务指挥中心负责对流程时限进行协调督办，对工单完成质量进行预警、分析和考核。

3）"互联网＋服务"管控流程。

供电服务指挥中心负责"互联网＋服务"线上渠道服务申请工单的监控，对工单完成质量进行预警、分析和考核。

4）监督评价考核流程。

供电服务指挥中心负责公司供电服务工作的管理，对各部门（单位）供电服务工作质量进行分析、评价、考核。

（三）技术支撑系统建设

随着供电服务指挥管理新模式的导入，组织机构调整、人员岗位变化、业务流程优化等都需要信息系统支撑，来实现业务平滑过渡和新模式固化落地。为此，国网江西省电力有限公司在 2015 年 3 月启动对原有配电网抢修指挥平台的升级完善，9 月，全省 12 个地市公司配电网生产抢修指挥平台投入实用化运行。

　　2017 年初，根据国家电网公司《智能化供电服务指挥系统功能规范》要求，国网江西省电力公司对地市级部署的配电网生产抢修指挥平台开展省级集中部署改造，基于国网 SG-UAP 平台进行功能升级开发。6 月，全新升级后的系统更名为智能化供电服务指挥系统，投入正式运行。

　　国家电网公司在推广建设供电服务指挥中心的同时，组织开展供电服务指挥系统集中开发，形成包括江西系统在内的 4 个典型系统版本，在国家电网公司所有省公司推广部署。至 2018 年底，以"在线化、透明化、移动化、智能化"为特征的供电服务指挥技术支撑系统在全国网各公司基本建成。

　　可以说，供电服务指挥技术支撑系统的建设，是供电服务指挥中心建设中核心工作、其难度大、耗时长，本书将在后面的章节中作详细阐述。

第三节　供电服务指挥中心建设成效与展望

一、供电服务指挥中心建设成效

依托供电服务指挥中心，电网企业基本建成以"数据贯通和信息共享"促进"专业协同和业务融合"机制。健全专业协同机制，贯通信息系统数据，构建配电调度控制、配电运营管控、客户服务指挥、服务质量监督和营配调技术支持业务融合的供电服务指挥体系。

（1）工作更加协同。

全面整合运检、营销、调控等专业指挥资源，将分散式的配电调控、抢修指挥、配电运营、服务指挥、服务监督等业务，从"多头办理"向"一站管理"转变。营销类、故障类业务处理链条均压缩1~2个流转环节。

（2）信息更加共享。

通过运用云计算、大数据和人工智能等新技术，建设"实时在线、全程透明、移动互联、智能指挥"的供电服务指挥系统，打通营配调信息"孤岛"，抓住影响供电服务的关键因素提前预警、精准施策，推动配电网管理从"生产主导型"向"服务主导型"转变、由"被动服务"向"主动服务"转变。

（3）末端更加融合。

以建设营配调协同融合的供电服务指挥体系为契机，推动建设营配合一的全能型城区供电机构，深化"全能型"乡镇供电所建设，强化工业园区营配合一的供电机构建设，运检、营销、调控专业协同，全面推进现代服务体系建设和营商环境优化，切实打通服务"最后一公里"。

通过供电服务指挥中心建设，配电网可靠供电和优质服务水平明显提升，为全面优化营商环境提供了坚强保障。各供电企业以供电服务指挥中心为载体，各专业高度协同，积极开展配电调控、配电运营及服务指挥等业务，通过资源整合、组织优化、流程再造，取得了良好成效。据统计，2018年国家电网公司系统配电故障次数同比下降18.76%，平均抢修处理时率同比下降7.93%，现场服务预约率达到90.67%。

二、供电服务指挥业务展望

扎实推进供电服务指挥中心深化运营，坚持以客户为中心，以提升供电可靠性为主线，以配电物联网为支撑，提升协同指挥、运营管控、分析决策能力，全面提高配电和运营效率效益、客户服务水平和企业核心竞争力。

（1）强化专业协作，提升协同指挥能力。

以客户为中心，紧密围绕客户需求，快速响应客户诉求，统筹调配供电服务资源，推进"互联网+"线上业务办电、服务过程质量监督、配网全景监测，加强配网运行风险自动研判，始终把客户需求摆在工作的首位，积极创新服务方式，持续提升主动抢修和停电信息主动推送水平，增强服务的便捷性、精准性和实效性，不断提高客户获得感和满意度。

促进营配末端业务融合。结合城区供电服务机构、"全能型"乡镇供电所、工业园区供电机构和城区营配低压网格建设，建设"客户经理"与"设备主人"协同工作机制，实现营配资源统一调配，强化营配合一的供电服务机构配电专业管理，提升配电业务运营管控能力。

做好服务全过程协同管控、跟踪督办。供电服务指挥中心从客户需求视角，梳理客户服务关键流程和时间节点，实施全过程的协同监督和管控，对于超时工单、低效工作进行督办，保证客户需求响应及时、处置高效。

加强人才队伍建设，培养营、配、调专业化复合型人才，畅通职业发展通道，研究建立健全供电服务指挥团队激励与考核，分类制订岗位绩效评价标准，促进人员工作效率和工作质量的持续提升。

（2）强化指标管控，提升运营管控能力。

以提升供电可靠性为主线，将供电可靠性过程管理作为供电服务指挥中心的重点业务，明确职能，理顺流程，依托供电服务指挥中心全面开展停电时户数预算式管控，实现停电计划影响范围模拟计算，停电事件自动匹配，可靠性预算执行情况自动统计分析，推动供电可靠性指标管理唯真唯实。

加强供电可靠性过程管理。充分发挥供电服务指挥中心优势和作用，全面开展供电可靠性过程管理，落实停电时户数预算式管控要求，明确年度停电时户数预控目标，逐级分解落实，实现目标预测、指标计算、过程监控、预警督办、分级审批等管理功能。在供电服务指挥系统中开发部署供电可靠性过程管控功能模块，实现停电事件自动统计、分析研判，推动停电事件管理模式从人工确认、事后补录转为事前预控、在线监测、自动统计。

加强配电运营指标管控，实现线路重过载、配电变压器重过载、低电压、三相不平衡等配电异常情况的指标管控，督促问题的限期整改。指标分解到供电所和班组，从人员、设备、季节等方面进行多维度分析管控。

强化配电网抢修指标管控，实现超时限、重复派单、重复投诉等异常情况的指标管控，指标分解到各级抢修队伍和抢修驻点，从工作量和及时率、工作质量等方面进行多维度分析管控。加强业扩全流程实时管控，开展 $7 \times 2h$ 预约办电业务，加强业扩协同环节、报装流程、业扩质量、业扩结存、配套工程进度和客户满意度等过程指标的监督、预警及评价工作，支撑业扩形势实时分析管控。

（3）强化数据挖掘，提升分析决策能力。

以配电物联网为支撑，把供电服务指挥中心作为配电物联网数据资源的应用平台。做好营配基础数据质量的监督管控，确保营配调数据一致，图形数据"源端唯一、全局共享"。同时应用"云 – 管 – 边 – 端"全面协同的配电物联网技术，推动配用电侧万物互联、人机交互，在供电服务指挥中心实现配电网状态全面感知、信息高效处理、应用便捷灵活。

按照"三型两网、世界一流"战略部署，开展配电物联网示范区建设，将供电服务指挥中心作为配电物联网的应用主体，实现供电服务信息的全面感知，为配电网安全经济运营、提高经营绩效、改善服务质量、拓展增值业务提供强有力的数据资源支撑。

通过配电运维监测与运营分析评价，及时发现重过载、低电压、三相不平衡以及供电能力不足等配电薄弱环节，有效指导配电运维检修和精准建设，开展差异化运维和主动检修，提高配电管理工作效率。

强化服务工单数据挖掘，全方位分析服务网格化驻点的工单和质量，优化驻点配置，提高服务响应速度和质量。通过供电服务全过程数据的在线管控和深度挖掘，提出工作改进建议，支撑配电、营销和调控专业管理水平提升。

第二章
供电服务指挥系统建设基础

第一节 电网企业相关信息系统建设现状

一、设备（资产）运维精益管理系统（PMS2.0）

1.系统定位

系统面向智能电网生产管理，实现对电力生产执行层、管理层、决策层业务能力的全覆盖，支撑运维一体化和检修专业化，实现电网设备管理的高效、集约。系统以资产全寿命周期管理为主线，涵盖以状态检修为核心的输变配电设备运维关键业务流程；依托电网 GIS 平台，实现图数一体化建模，构建企业级电网资源中心；与 ERP 系统深度融合，建立"账－卡－物"联动机制，支撑资产管理；与调度管理、营销业务应用以及 95598 等系统集成，贯通基层核心业务，实现跨专业协同与多业务融合。如图 2-1 所示。

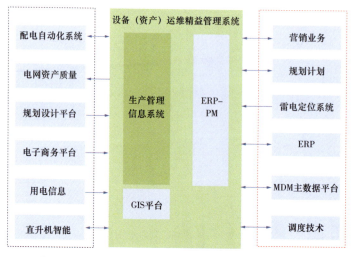

图 2-1 设备（资产）运维精益管理系统（PMS2.0）

2. 系统功能架构

PMS2.0 总体功能架构可分为标准中心、电网资源中心、运维检修中心、计划中心、监督评价中心和决策支持中心等六个中心。通过六个中心的分工和协作，实现运检过程全覆盖，结合横向的数据共享和业务协同，实现设备从规划、安装、运行、退役、再利用直至报废的资产全寿命管理。主要提供电网图形拓扑、输变配设备台账及运维检修信息，满足电网设备管理各类指标计算、查询统计、综合展示、分析决策等应用需要。

标准中心：主要包括各类标准库、标准规范和定额标准的管理。

电网资源中心：主要包括电网图形、各类设备台账、实物资产的管理。

运维检修中心：主要包括运行巡视、缺陷隐患、检修计划、现场检修作业、设备状态监测的管理。

计划中心：主要包括生产技术改造、生产设备大修、固定资产零星购置的管理。

监督评价中心：主要包括状态检修、技术监督、无功电压线损的管理。

决策支持中心：主要包括运检绩效、运检辅助决策、综合报表的管理。

二、电网地理信息系统（GIS）

1. 系统定位

GIS 系统是通过将电力企业的电力设备、变电站、输配电网络、电力用户、电力负荷、生产及管理等核心业务与地理信息相结合，提供了电力设备设施信息、电网运行状态信息、电力技术信息、生产管理信息、电力市场信息与山川、河流、地势、城镇、公路街道、楼群，以及气象、水文、地质、资源等自然环境信息，为电网的规划、运行、调度、运维等业务提供电网结构图形和地理位置信息，是电力信息化的生产管理综合信息系统。

2. 系统功能架构

电力 GIS 平台包括基本构件层、系统环境层、数据库连接层、图形与数据接口工具层、应用系统层等。

（1）地理背景地图显示。

将测绘部门提供的电子地图转换成 GIS 可用的方式，如地形图、道路图、房屋图等作为本系统的背景图，给人以直观的地形地物印象。

（2）图形建模。

以电子地图为背景底图，提供各种电力设备的编辑工具，使用户能在地理背景图上直观地按照电力设备的实际分布情况进行空间增加、删除、修改等操作，同时还提供相关的属性操作。在建模的过程中，遵循一定的逻辑建模规则（如导线必须架设在杆塔上），保证建模的合理性。

（3）线路与设备的查询、统计。

配电网及其设备的分布情况在图形终端上显示。输入各种设备名称和设备编码，能够在地图上准确定位到该设备，查看其属性信息；对某类设备，根据用户需要统计各种数据，如变压器总容量、线路总长度等；根据需要采用专题地图的方式将数据图形化，不仅使数据以更直观的形式在地图上体现出来，如显示、无极缩放查询对象、漫游和查询对象的属性显示等，而且用户能够尽可能地直接从地图中获取对象的信息，如以不同的颜色和形状来区分不同状态和电压等级的设备等。

（4）用户查询。

用户查询包括街区、道路、主要用户的查询、漫游并显示其相应的属性信息等。

（5）自动制图。

制作高品质的电力设备图，地图的要素将随着数据库内容的变化而及时改动，使更新周期缩短。

（6）电网分析功能。

1）配电电网追踪及拓扑分析。利用配电网 GIS 数据库（包括实时属性）中杆塔与导线的连接关系、变电站内进线出线的对应关系以及杆塔上开关或隔离开关的分合状态，动态计算出网络的拓扑结构，并可在 GIS 背景图上着色显示。因此，GIS 的配电网拓扑结构对于检修、故障隔离、故障恢复、开关操作、潮流分析和负荷转移等功能的实施将起很大的作用。

2）供电可靠性分析。在配电网 GIS 中可进行供电可靠率、用户平均停电时间、用户平均停电次数等方面的可靠性分析，在线统计停电时间，辅助分析故障原因及故障影响范围等。

（7）辅助决策功能。

最优化停电隔离点决策。当接收到故障停电报警信号或需要对某台设备及某条线路进行检修时，配电网 GIS 系统可利用决策模型自动决策出最小停电范围的最优化停电隔离点，给指导抢修操作提供依据，并提高供电可靠性。

（8）Web 发布。

将电网及设备的图形信息、属性信息和实时的信息在网上发布，所有的信息通过网络进行传输，加快信息的传输速度，同时方便信息的查询，企业内部人员或者客户可随时查询电力设备运行状况或者浏览相关的主要记录。

三、"SG186" 营销业务应用

1. 系统定位

SG186 系统作为国家电网公司一体化企业级信息集成平台，以一个平台集成企业信息，以八大应用覆盖公司业务，以六个体系提供多方保障。其中营销业务应用统一了电网企业营销的业务模式、业务流程，形成了完整的营销管理、业务标准化体系，实现了"营销信息高度共享，营销业务高度规范，营销服务高效便捷，营销监控实时在线，营销决策分析全面"。

2. 系统功能架构

SG186 系统营销业务应用分为"客户服务与客户关系""电费管理""电能计量及信息采集"和"市场与需求侧"等 4 个业务领域及"综合管理"，共 19 个业务类、137 个业务项及 753 个业务子项。通过各领域具体业务的分工协作，为客户提供各类服务，完成各类业务处理，为供电企业的管理、经营和决策提供支持。

SG186 系统包括 19 个业务类：新装增容及变更用电、抄表管理、核算管理、电费收缴及账务管理、线损管理、资产管理、计量点管理、计量体系管理、电能信息采集、供用电合同管理、用电检查管理、95598 业务处理、客户关系管理、客户联络、市场管理、能效管理、有序用电管理、稽查及工作质量、客户档案资料管理。总体业务模型图如图 2-2 所示。

其中 95598 业务处理系统是支撑国家电网公司客户服务中心开展业务的

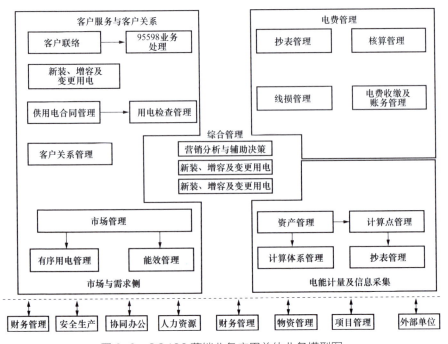

图 2-2　SG186 营销业务应用总体业务模型图

主要技术支持系统，通过 95598 人工坐席应答、自动语音应答等方式，开展客户用电业务受理、客户用电信息查询、电力故障报修、客户投诉举报以及停电信息发布、客户欠费提示等业务。

四、调度生产管理系统（OMS）

1. 系统定位

调度生产管理系统是集调度生产、专业管理和调度业务处理为一体的综合管理系统，是各级调度中心日常生产管理的数据支撑平台和业务支撑平台。在实现调度、运方、继保、自动化、通信专业业务管理标准化的基础上，实现信息共享及业务流程的协调管理。建立统一的业务交换平台，实现检修票申请、调度计划、定值单等的上传下达，实现调度业务的一体化管理。

2. 系统功能

（1）电网资源一体化管理。

1）设备建模工具：采用 CIM 标准动态定义电力设备种类、属性。

2）电网设备管理：按树型结构管理全网电力设备及其详细参数。

3）电网设备一览：提供不同查询统计方式查询电网设备。

4）电力设备报表定制：完成设备资产的各种统计报表及输出。

5）自动化设备管理：对电网自动化设备分系统进行台账管理。

（2）一体化调度运行管理。

1）计划负荷管理：实现一体化负荷的上报、预测、编制、下达功能。

2）运行日志管理：采用严格的交接班制度，对调度发生的各种事项按类别管理。实现日志查询与分析。

3）操作票管理：逐项操作票、综合操作票（包括拟票、审查、执行、考核统计）。

4）电力生产例会：例会数据准备、数据演示、记录管理及报表查询。

5）调度日报：自动产生各种全网日报。

6）值班管理：实现调度自动排班。

（3）一体化运行方式管理。

1）生产调度计划：对电网生产调度计划进行拟订、流转审批、下达，实现检修票的关联。

2）检修票系统：完成检修票的申请、流转审批、调度下达、延期批复、考核分析等功能。

（4）一体化继电保护管理。

1）保护运行管理：自动从调度日志取保护运行数据、对保护设备的运行状况进行分析统计。

2）保护动作管理：对全网保护设备的保护动作及缺陷进行全面的管理及分析统计。

3）保护定验管理：自动产生保护检验计划、下达地调执行、反馈、统计。

4）技术监督管理：自动完成保护技术监督的各种统计分析。

（5）一体化自动化运行管理。

1）自动化排班及值班管理：自动完成自动化专业的排班及提醒。

2）运行维护管理：软、硬件维护管理、定期巡视、定期维护计划与管理、运行维护统计分析。

3）自动化检修管理：完成自动化检修计划安排、检修票申请、审批流转、考核分析。

3. 硬件及支撑软件

省地一体化调度生产管理系统主要由各级数据库服务器及应用服务器组成。

支撑软件包括 MS.NET、FRAMEWORK 及 MS.IIS6.0；应用软件平

台包括数据库、数据抽取、面向对象建模技术、自动生成、工作流、Web技术、加密技术。

依靠通信网（SGTnet）完成省地数据的交换、通过安全区Ⅲ／Ⅳ闸的防火墙，依靠本地信息局域网完成本地业务。

五、调度自动化系统

1. 系统定位

电力系统调度自动化是利用现代计算机、通信和网络技术对于电力系统进行监视、分析和控制，是保证电力系统运行安全性、电能质量合格性、运行经济性的重要技术手段。主要由调度自动化主站系统、通信传输系统和厂站远动系统三部分组成。

2. 调度自动化主站系统功能

调度自动化主站系统主要由数据采集与监视控制子系统、高级应用软件、调度员培训仿真系统、支撑平台子系统四部分组成。

（1）数据采集与监视控制（SCADA）。

SCADA是调度自动化的基本功能，包括数据采集（遥测、遥信）、数据预处理、信息显示和报警、调度员操作（遥控、遥调）、事故追忆、事件顺序记录、状态监视和控制等功能。

（2）高级应用软件（PAS）。

包括网络拓扑、状态估计、在线潮流、负荷预测、自动电压控制、自动发电控制、经济调度控制、安全分析等高级应用功能。

（3）调度员培训仿真系统（DTS）。

包括电网仿真、SCADA/EMS系统仿真和教员控制机三部分。

（4）支撑平台。

包括数据库管理、网络管理、图形管理、报表管理、系统运行管理等。

3. 厂站远动系统

厂站远动系统包括位于发电厂、变电站的远动终端（RTU）或厂站自动化远动系统，通过采集各发电厂、变电站内设备运行的实时信息（遥测、遥信），根据运行需要将有关信息通过通信传输通道传送至调度中心，并接受调度端发来的控制命令（遥控、遥调），执行相应的操作。

六、配电自动化系统

1. 系统定位

配电自动化系统作为配电网智能感知的重要环节，以配电网调度监控和配电网运行状态采集为主要应用方向，实现配电网的智能运维管控、智能分析、辅助决策。配电自动化主站根据地区配电网规模和应用需求，按照"地县一体化"构架部署。以大运行与大检修为应用主体，具备横跨生产控制大区与管理信息大区一体化支撑能力，为运行控制与运维管理提供一体化的应用，满足配电网的运行监控与运行状态管控需求。

2. 系统架构

（1）软件架构。

配电自动化主站主要由计算机硬件、操作系统、支撑平台软件和配电网应用软件组成。其中，支撑平台包括系统信息交换总线和基础服务，配电网应用软件包括配电网运行监控与配电网运行状态管控两大类应用。总体架构如图 2-3 所示。

系统由"一个支撑平台、两大应用"构成，信息交换总线贯通生产控制大区与信息管理大区，与各业务系统交互所需数据，为"两个应用"提供数据与业务流程技术支撑，"两个应用"分别服务于调度与运检。

1）配电运行监控应用。

部署在生产控制大区，并通过信息交换总线从管理信息大区调取所需实

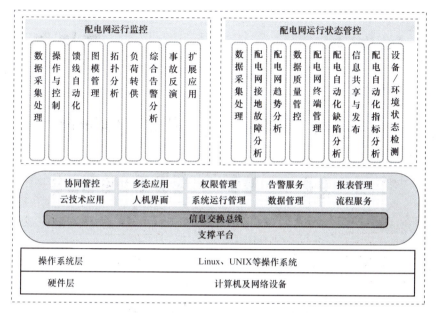

图2-3　配电自动化系统主站功能组成结构

时数据、历史数据及分析结果；包括配电数据采集与处理、操作与控制、防误闭锁、综合告警分析、馈线自动化、拓扑分析应用、负荷转供、红黑图管理、事故反演等9个模块；

2）配电运行状态管控应用。

部署在管理信息大区，并通过信息交换总线接收从生产控制大区推送的实时数据及分析结果；包括配电网数据分析、馈线自动化分析、故障研判、状态监控、设备主人权限管理、终端管理、缺陷分析、信息发布等9个模块。

3）数据集成。

配电自动化系统基于信息交换总线，实现与EMS、PMS2.0等系统的数据共享，具备对外交互图模数据、实时数据和历史数据的功能，支撑各层级数据纵、横向贯通以及分层应用。

（2）硬件架构。

配电自动化系统从应用分布上主要分为生产控制大区、安全接入区、管

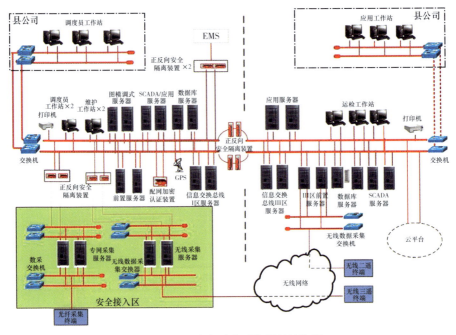

图 2-4　配电自动化系统硬件结构图

理信息大区等 3 个部分，典型硬件结构图如图 2-4 所示。

生产控制大区主要设备包括前置服务器、数据库服务器、SCADA/ 应用服务器、图模调试服务器、信息交换总线服务器、调度及维护工作站等，负责完成"三遥"配电终端数据采集与处理、实时调度操作控制，进行实时告警、事故反演及馈线自动化等功能；

管理信息大区主要设备包括前置服务器、SCADA/ 应用服务器、信息交换总线服务器、数据库服务器、应用服务器、运检及报表工作站等，负责完成"两遥"配电终端及配电状态监测终端数据采集与处理，进行历史数据库缓存并对接云存储平台，实现单相接地故障分析、配电网指标统计分析、配电网主动抢修支撑、配电网经济运行、配电自动化设备缺陷管理、模型 / 图形管理等配电运行管理功能；

安全接入大区主要设备包括专网采集服务器、公网采集服务器等，负责完成光纤通信和无线通信三遥配电终端实时数据采集与控制命令下发。

地县配电终端将采用集中采集或分布式采集方式，并在县公司部署远程应用工作站。

七、用电信息采集系统

1. 系统定位

用电信息采集系统是对电力用户的用电信息进行采集、处理和实时监控的系统，实现用电监控、推行阶梯定价、负荷管理、线损分析，达到自动抄表、错峰用电、用电检查（防窃电）、负荷预测和节约用电成本等目的。

2. 系统功能架构

用电信息采集系统架构主要由主站、传输信道、采集设备以及智能电能表组成。

其主要功能包括：

（1）数据采集。

根据不同业务对采集数据的要求，编制自动采集任务，包括任务名称、任务类型、采集群组、采集数据项、任务执行起止时间、采集周期、执行优先级、正常补采次数等信息，并管理各种采集任务的执行，检查任务执行情况。

（2）数据管理。

主要包括数据合理性检查、数据计算分析、数据存储管理等。

（3）定值控制。

主要是指通过远方控制方式实现系统功率定值控制、电量定值控制和费率定值控制功能。

（4）综合应用。

主要包括自动抄表管理、费控管理、有序用电管理、用电情况统计分析、异常用电分析、电能质量数据统计、线损分析、变损分析和增值服务。

（5）运行维护管理。

主要包括系统对时、权限和密码管理、终端管理、档案管理、配合其他业务应用系统、通信和路由管理、运行状况管理、维护及故障记录、报表管理等。

（6）系统接口。

通过统一的接口规范和接口技术，与营销业务应用等系统的连接，实现数据共享，为抄表管理、电费收缴、用电检查等业务提供数据支持和基础保障。

3. 用电信息采集终端

用电信息采集终端是对各信息采集点用电信息采集的设备，简称采集终端。可以实现电能表数据的采集、数据管理、数据双向传输以及转发或执行控制命令的设备。按应用场所分为专变采集终端、集中抄表终端（包括集中器、采集器）、分布式能源监控终端等类型。

（1）专变采集终端。

专变采集终端是对专变用户用电信息进行采集的设备，可以实现电能表数据的采集、电能计量设备工况和供电电能质量监测，以及客户用电负荷和电能量的监控，并对采集数据进行管理和双向传输。

（2）集中抄表终端。

集中抄表终端是对低压用户用电信息进行采集的设备，包括集中器和采集器。集中器是指收集各采集器或电能表的数据，并进行处理储存，同时能和主站或手持设备进行数据交换的设备。采集器是用于采集多个或单个电能表的电能信息，并可与集中器交换数据的设备。采集器依据功能可分为基本型采集器和简易型采集器。基本型采集器抄收和暂存电能表数据，并根据集中器的命令将储存的数据上传给集中器。简易型采集器直接转发集中器与电能表间的命令和数据。

（3）分布式能源监控终端。

分布式能源监控终端是对接入公用电网的用户侧分布式能源系统进行监测与控制的设备，可以实现对双向电能计量设备的信息采集、电能质量监测，并可接受主站命令对分布式能源系统接入公用电网进行控制。

第二节　供电服务指挥系统建设基础分析

信息系统作为电网企业生产经营的控制中枢，是企业管理和运营的基础，已全面融入安全生产、经营管理和优质服务等各个方面。国家电网公司将推进信息化建设纳入公司发展战略，实施了信息化SG186工程建设，建成一体化企业级信息集成平台、八大业务应用和六大保障体系，包括设备运维精益管理系统（PMS）、调度运行管理系统（OMS）、企业资源计划系统（ERP）、用电信息采集系统、营销管理系统、配电自动化系统等信息化系统相继投运和不断完善，供电企业各业务、各环节与信息化实现深度融合，核心资源和主要经营活动实现在线管控，促进了供电企业精益管理水平的迅速提升。但随着企业精益管理工作的不断深入和用电多元化需求的发展，由于营销、配电、调度相关系统分别在不同时期由不同部门建设，基于各自专业需求分别独立开发，各系统间的信息集成度不高，信息和资源交互与共享效率低，急需建设一套信息集成、业务融合的供电服务指挥系统，为供电服务指挥业务的高效运转提供统一的技术支撑。

一、供电服务指挥系统建设的必要性

1. 供电服务指挥业务从"多头办理"向"一站管理"转变的需要

供电服务指挥中心的成立，将分散于不同部门的人员及业务统一纳入中心，需要打破营配调的专业壁垒，将涉及客户诉求的抢修指挥、配电运营、服务指挥、服务监督等业务统一管控，而这些业务分散在营销95598系统、PMS系统、OMS系统、营销SG186应用等不同系统，需要全部融合集成在一套系统中，避免中心人员操作多套系统来回切换，减少重复录入，提高业务处理效率。

2. 推动供电服务从"被动服务"向"主动服务"转变的需要

目前由于配电自动化覆盖率不高，配电网设备状态信息感知水平低，供电服务对于 95598 客户服务和人工依赖较高。配电网抢修工作的开展主要通过客户报修或 EMS 系统中主网跳闸获取设备故障信息，故障定位大多依靠配电网人员巡视发现，设备隐患缺陷预判能力不足。需要充分融合现有的各类实时采集类数据，将调度自动化系统（EMS）的变电站实时数据、配电自动化（DAS）的配电线路实时数据，用电采集系统的配电变压器、用户准实时数据，按照 GIS 中站—线—变—户的网络拓扑组织，形成统一的营配调一体的配用电准实时数据库，支持精准故障研判、推送主动抢修 / 检修工单，促进主动运维和快速抢修，提升供电服务主动性。

3. 建设营配末端融合的服务强前端需要

推进城区 / 工业园区供电服务机构、"全能型"乡镇供电所等营配融合的服务前端建设，需要实现营配信息共享、营配资源统一调配。供电服务指挥中心也需要对其供电服务实施全过程的指挥管控、跟踪督办，确保客户需求响应及时、处置高效。这就需要融合各类实时 / 准实时数据等动态数据与设备台账、运行记录等静态数据，将配用电准实时数据与营销 95598 系统报修 / 投诉记录、营销业务系统欠费记录、PMS 系统设备台账及 GIS 图形数据、OMS 系统计划停电等运行记录进行关联比对，依托大数据挖掘、移动互联技术、GIS 地理信息定位技术，支撑一线班组人员对管辖范围内设备运行状况、用户用电信息的及时掌握和主动快速服务，实现投诉、故障处理、停电信息、配电网运行等各类服务指标统计与分析，支撑指挥中心对故障抢修、客户服务等行为的过程管控、跟踪督办、评价考核。

二、供电服务指挥系统建设的可行性

"大云物移"，即大数据、云计算、物联网、移动互联网。积极推广"大云物移"新技术与电网业务深度融合，在电网运营、企业运营、客户服务和新兴业务等方面进行探索与实践，对于更好发挥供电企业信息化建设成果具有重要支撑作用。

1. 大数据

大数据相关技术是信息化发展到一定阶段的必然产物。近年来，随着信息技术和人类生产生活交汇融合以及互联网快速普及，全球数据呈现爆发增长、海量汇聚的特点，以分析类技术、事务处理技术和流通类技术为代表的大数据技术得到了快速的发展，已初步形成开源为主导、多种技术和架构并存的大数据技术架构体系。如美国电科院早在 2012 年就启动智能电网数据研究项目，研究在输配电上的大数据应用；法国电力集团（EDF）利用智能电能表数据，结合气象数据、用电合同信息及电网数据，构成了法国电力的大数据应用；金融行业内普遍将大数据技术应用于客户信用评估、贷款风险防范、反洗钱、保险产品制订、定向精准营销场景。

2. 云计算

云计算是随着大规模信息化建设与应用而产生的创新性技术，是将分布式、并行计算、效用计算、网络存储、虚拟化、负载均衡等传统计算机和网络技术发展融合的产物。云计算具有可靠、灵活、经济以及动态分析等特性，将会成为电力行业中发展的主流趋势。随着"互联网+"行动的积极推进，我国云计算应用正从互联网行业向政务、金融、工业等多类传统行业加速渗透，目前国内超九成省级行政区和七成地市级行政区均已建成或正在建设政务云平台，各地方政府纷纷进行工业云发展规划，积极推进工业云的发展。

国家电网有限公司也在企业云平台建设方面取得了较为丰硕的成果，多个云平台项目在下属公司得到全面的部署。

3. 物联网

物联网是指通过信息传感设备，按约定的协议将任何物品与互联网相连接进行信息交换和通信，以实现智能化识别、定位、跟踪、监控和管理的网络。物联网主要解决物品与物品、人与物品、人与人之间的互联。物联网作为信息通信技术的典型代表，在全球范围内呈现加速发展的态势。不同行业和不同类型物联网应用的普及和日趋完善，推动物联网的发展进入万物互联的新时代。可穿戴设备、智能家电、实物 ID 等，数以亿计的新设备将接入网络，而物联网信息价值的挖掘又进一步推动物联网的高速发展，促进生产生活和社会管理方式的不断转变。智能电网可以视为物联网技术的场景应用，通过现代化先进的传感技术、检测技术、通信技术和控制技术等与传统的物理电网高度集成化，使电网更加安全、高效与环保，具有可靠性、自愈性、兼容性、经济性、集成性、优化性等特征。

4. 移动互联网

移动互联是移动通信与互联网的有效结合，目前此技术发展较完善，可应用场景覆盖广泛，已经很难定义为"新技术"，但其衍生的移动应用，有效完善、扩展企业信息化应用场景，通过广泛的产业链合作为用户提供低成本解决方案，带来企业信息化商业模式的创新变革。

第三章

智能化供电服务指挥系统建设

第一节　系统总体架构

一、总体设计方案

1. 总体架构

遵循配电网整体信息规划的分层结构，以大数据平台为核心，采用标准通用的软硬件平台（UAP 开发平台、国网信通统一推广的大数据平台），构建开放式平台，实现设备状态管控、运维管理管控、运检指标管控、应急管理管控、供电服务指挥等应用功能，根据江西省配电网现状合理配置软件功

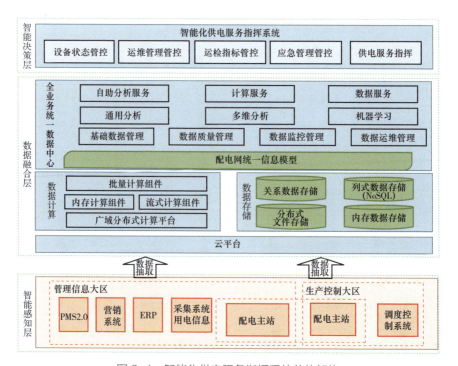

图 3-1　智能化供电服务指挥系统总体架构

能，满足省、地、县和班所各级配电网管理人员的不同需求。智能化供电服务指挥系统总体架构如图 3-1 所示。

2. 功能架构

智能化供电服务指挥系统功能包括设备状态管控、运维管理管控、运检指标管控、应急管理管控、供电服务指挥五大模块，如图 3-2 所示。

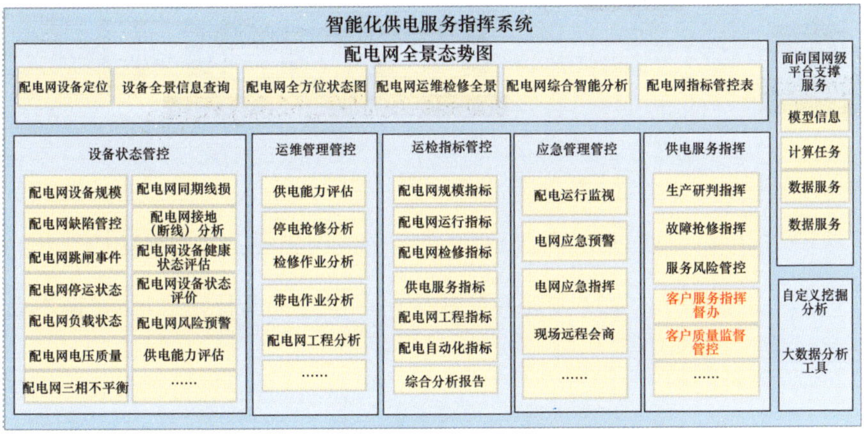

图 3-2　智能化供电服务指挥系统功能架构

3. 集成架构

智能化供电服务指挥系统基于配电网统一信息模型，依托全业务统一数据中心，采用批量抽取和实时抽取两种方式实现系统与第三系统的数据集成。其中批量抽取针对实时性要求不高的静态数据；实时抽取针对实时性要求较高的动态数据，并通过大数据平台中的流式计算进行处理，如图 3-3 所示。

二、系统技术路线

1.Java 技术

采用组件化、动态化、Web 的 Java 企业级开发软件技术，利用一致的

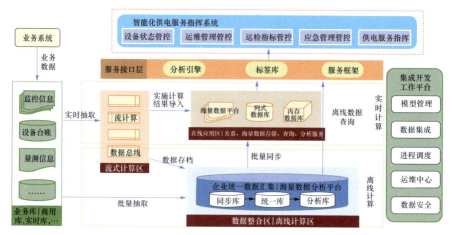

图 3-3　智能化供电服务指挥系统数据处理集成架构

可共享数据模型，通过一体化企业级平台的应用集成，实现各接口组件的协同工作、应用集成，实现数据共享和重用以满足业务需求。Java 技术选型见表 3-1。

表 3-1　　　　　　　　　　Java 技术选型

分类	相关技术
界面展示技术	HTML、JSP、JavaScript、JQuery、Flex、帆软、SVG、CSS
业务逻辑技术	JDK1.6、Spring2.0
数据访问技术	JDBC、Hibernate

2. 大数据平台技术

充分应用大数据平台，集成构建基于统一配电信息模型的配电大数据库，采用 Hadoop、Spark、Storm 等大数据平台的离线计算、内存计算、流式计算等计算方法，实施配电大数据存储、计算和数据挖掘，提升配电数据分布式处理效率、缩短运算时间及应用响应时间，提升用户体验。大数据平台技术结构如图 3-4 所示。

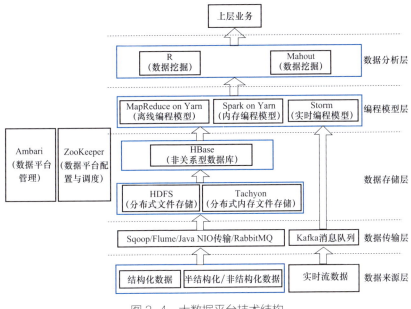

图 3-4　大数据平台技术结构

3. 大数据挖掘技术

运用统计分析、多维分析、机器学习等数据分析挖掘技术，针对配电网海量实时数据、历史数据进行数据分布和数据相关性规律发现，采用分布式计算技术快速实现自动聚类，应用机器学习数据挖掘技术建立配电业务分析预测模型，预测配电网未来中长期运行态势，利用 BI 数据多维分析与可视化展示技术，为配电网运维管理提供智能化辅助决策。如图 3–5 所示。

4. 人工智能技术

运用人工神经网络、模糊理论、遗传算法、专家系统等人工智能相关技术，建立配电网人工智能专家知识库，采用智能语音处理、自然语言理解、图形模式识别、智能决策控制及新型人机交互等关键技术，实现配电网故障风险智能评估、故障智能定位、故障恢复智能模拟。如图 3–6 所示。

5. 微服务应用架构

以应用服务化的方式，构建智能化配电网运维管控平台微服务应用架

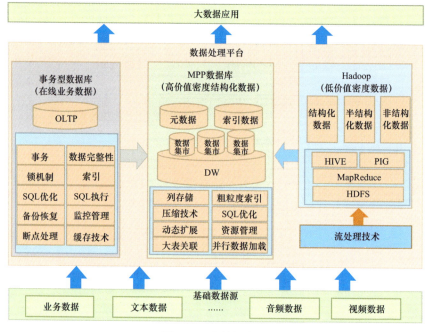

图 3-5　大数据应用

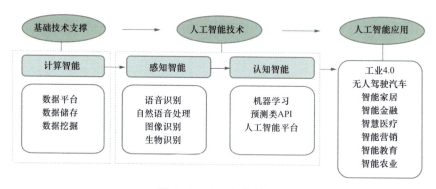

图 3-6　人工智能技术

构，采用微服务应用架构方式设计开发应用模块，按"松耦合"的方式拆分整个智能化配电网运维管控平台各类业务应用，实现业务应用的快速发布、快速部署上线、快速功能升级以及业务应用随负载情况的快速自动伸缩部署，达到云应用按需分配、资源自动化弹性伸缩的目标。如图 3-7 所示。

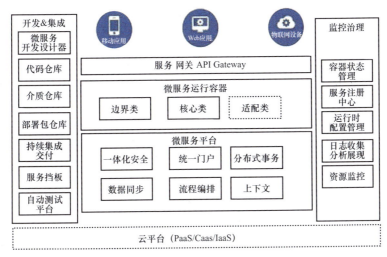

图 3-7　微服务应用架构

6. 广域分布式计算架构

支撑总部－省公司广域分布式智能化配电网运维管控计算平台，总部层

三、系统接口分析

智能化供电服务指挥系统接口分析见表 3-2。

表 3-2　　　　　　　　　　智能化供电服务指挥系统接口分析

接口系统	接口内容	数据频率
营销业务应用系统	故障报修工单	实时
	用户信息、客户经理信息	每 12h
	用户欠费信息	实时
	停送电信息	实时
	营销投诉、咨询、服务申请、意见、表扬工单	实时
用电采集系统	配电变压器停电、上电事件	实时
	配电变压器召测	实时
	户表召测	实时
	配电变压器的有功、无功、电流、电压运行数据	每小时

续表

接口系统	接口内容	数据频率
调度自动化	电压、电流、开关位置、保护动作	每 2min
	主线故障信息	实时
	电流突变信息	实时
配电自动化	配电自动化线路故障实时信息	实时
	电压、电流、开关位置、保护动作	每 2min
PMS2.0	设备台账	每 12h
	巡视、缺陷、检修计划、工作票等信息	每 30min
	配电网工程信息	每 12h
GIS1.6	"站-线-变-户"拓扑关系	实时
OMS2.0 或 PMS2.0	月度检修计划	每月
	周检修计划	每周
	日前配电网停电检修计划	每日
故障指示器及智能开关	线路故障及电流电压运行数据	实时
车辆统一平台	车辆信息、GPS 位置信息	实时
ERP	获取检修运维费用	每日

四、系统运行环境

1. 数据库服务器

软件部署：Oracle11G 集群。

软件环境：UNIX/LINUX6。

2. 应用服务器

中间件软件：Oracle Weblogic Server11G。

软件环境：Windows Server2008/LINUX6。

JAVA 版本：JDK 1.6 及以上。

第二节　系统实现功能

一、客户服务指挥

1. 互联网＋营销服务

（1）线上业务受理。

接收客户提交的办电申请信息，检查办电申请信息的完整性、准确性，联系客户核实申请信息的属实性，审核办电申请，派发正式工单，通知客户，业务流程如图 3-8 所示。

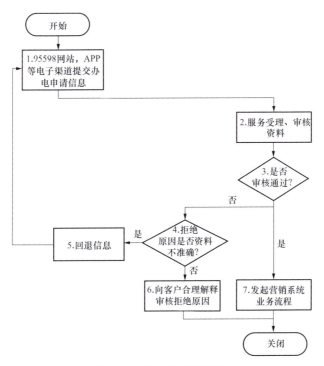

图 3-8　线上业务流程图

线上业务办理功能见表3-3。

表 3-3 　　　　　　　　　　　线上业务办理功能表

功能名称	功能描述	操作对象
95598 网站、APP 等电子渠道提交办电申请信息	客户在 95598 网站、APP 等电子渠道提交办电申请信息	客户
服务受理、审核资料	根据用户提交的资料进行审核，检查信息的完整性，准确性，联系客户核实申请信息的属实性	供电服务指挥中心／国网客服中心
判断审核通过	判断审核是否通过	供电服务指挥中心／国网客服中心
判断拒绝原因是否资料不准确	判断拒绝原因是否资料不准确	供电服务指挥中心／国网客服中心
回退信息	若客户填写资料不准确，则回退信息让客户重新提交用电申请	供电服务指挥中心／国网客服中心
向客户合理解释审核拒绝原因	向客户合理解释审核拒绝原因	供电服务指挥中心／国网客服中心
发起营销系统业务流程	对于审核通过的工单，发起营销系统业务流程。通过手机消息推送、短信等形式将当前办理的业务内容、后续业务流程、需要配合事项等信息通知客户	供电服务指挥中心／国网客服中心

（2）现场服务预约。

接入客户办电信息，预约客户服务时间，分配工单服务班组，通过不同形式将预约时间、现场工作等信息发送给客户及服务人员，业务流程如图3-9 所示。

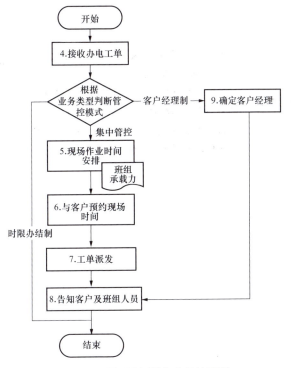

图 3-9　现场服务预约业务流程图

现场服务预约业务功能见表 3-4。

表 3-4　　　　　　　　　现场服务预约业务功能表

功能名称	功能描述	操作对象
现场作业承载力编制	基层班组编制现场作业承载力	基层班组
现场作业承载力配置	根据基层班组上报的现场作业承载力，配置各班组现场作业承载力	供电服务指挥中心
业务管控模式配置	根据不同业务类型配置对应管控模式，管控模式包括客户经理制、集中管控制、时限办结制	供电服务指挥中心
接收办电工单	供电服务指挥中心接收业务受理的办电工单，根据业务类型确定管控模式	供电服务指挥中心
现场作业时间安排	若是集中管控制业务，供电服务指挥中心根据现场班组承载力安排现场作业时间	供电服务指挥中心
与客户预约现场时间	根据工单，按照工作要求与客户预约现场服务时间	供电服务指挥中心

续表

功能名称	功能描述	操作对象
工单派发	根据客户申请要求及班组工作承载力将工单分配给基层班组	供电服务指挥中心
告知客户及班组人员	工单分配之后，触发消息通知客户及现场服务人员预约时间、现场工作等信息	供电服务指挥中心
确定客户经理	若是客户经理制业务，由基层班组确定客户经理并派工，再发送客户短信	基层班组

（3）现场作业管控。

跟踪现场班组到达现场时间、完成作业时间及现场作业情况，监督服务的响应速度、服务态度、服务质量，对即将超期、已超期以及异常事件实时发起预警、告警，触发督办流程，按照客户要求或现场服务情况，发起预约变更。现场作业管控业务流程如图 3-10 所示。

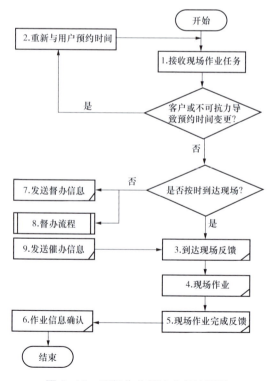

图 3-10　现场作业管控业务流程图

现场作业管控业务功能见表 3-5。

表 3-5　现场作业管控业务功能表

功能名称	功能描述	操作对象
接收现场作业任务	接收派发的现场作业任务	基层班组
重新与用户协商时间	由于客户自身要求及特殊外部因素导致无法按客户原预约时间完成现场服务的情况下，可以申请预约时间变更，重新协商时间之后，发送信息通知客户和现场服务人员	供电服务指挥中心
到达现场反馈	到达现场后需要向供电服务指挥中心进行反馈	基层班组
现场作业	开展现场作业	基层班组
现场作业完成反馈	完成现场作业后需要向供电服务指挥中心反馈	基层班组
作业信息确认	供电服务指挥人员对现场信息确认	供电服务指挥中心
发送督办信息	对超过约定作业时间未处理的工单及异常的服务事件应开展告警，发送督办短信	供电服务指挥中心
督办流程	对超过约定作业时间未处理的工单及异常的服务事件应发起督办流程	供电服务指挥中心
发送催办信息	对约定作业时间到期前一定时间内未现场作业的，应发送催办信息	供电服务指挥中心

（4）服务跟踪回访。

在办电工单信息归档前，对服务的响应速度、服务态度、服务质量等进行跟踪回访。服务跟踪回访业务流程如图 3-11 所示。

服务跟踪回访业务功能见表 3-6。

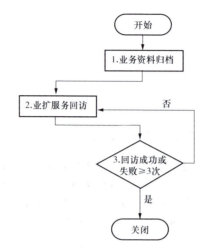

图 3-11　服务跟踪回访业务流程图

表 3-6　　　　　　　　　服务跟踪回访业务功能表

功能名称	功能描述	操作对象
业扩资料归档	归档业扩资料	国网客服中心/营销业务单位
业扩服务回访	在规定时间内完成客户回访工作；对服务的响应速度、服务态度、服务质量等进行跟踪回访	国网客服中心/营销业务单位
回访成功或失败≥3次	判断是否满足回访结束条件：回访成功或失败≥3次	国网客服中心/营销业务单位

2. 非抢修工单处置

统一接收 95598 热线电话、12398 监管热线、当地媒体、政府部门、社会联动或上级部门转办的客户投诉、举报、建议、意见、业务咨询、服务申请、表扬、客户催办等非抢修类信息，研判工单优先等级，在规定时限内派发处理工单，跟踪工单执行过程，对预警工单督办相应的管理人员。非抢修工单处置业务流程如图 3-12 所示。

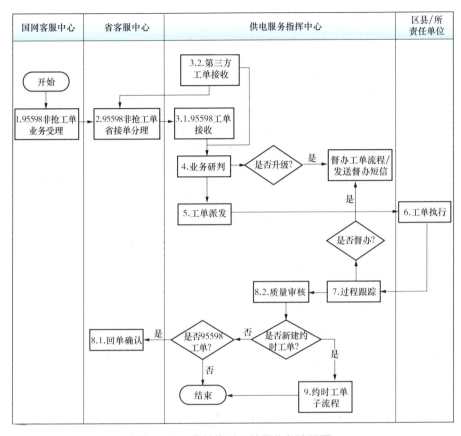

图 3-12　非抢修工单处置业务流程图

非抢修工单处置业务功能见表3-7。

表 3-7　　　　　　　　　　非抢修工单处置业务功能表

功能名称	功能描述	操作对象
业务受理	接收受理95598客户服务热线的非抢工单	国网客服中心
省接单分理	接收国网客服中心转派的95598非抢工单并分派给各地市供电服务指挥中心	省客服中心
工单接收	接收省客户服务中心派工的客户投诉、举报、建议、意见、业务咨询、服务申请、客户催办、表扬等非抢修类业务工单。工单在供电服务指挥系统中新建	供电服务指挥中心

续表

功能名称	功能描述	操作对象
第三方工单接收	接收 12398 监管热线、市长热线、当地媒体、社会联动、上级部门转办等第三方非抢修类业务工单。省客服中心第三方工单可通过 95598 非抢工单省接单分理派发至供电服务指挥中心接收，供电服务指挥中心接收的第三方工单在供电服务指挥系统中新建	省客服中心 / 供电服务指挥中心
业务研判	基于工单优先级判定标准，对服务事件的工单进行分类分级，对优先级高的工单进行升级督办	供电服务指挥中心
工单派发	定时限内向相关责任部门和责任人派发处理工单。若接收业务单位确认非本单位工单，可选择退回	供电服务指挥中心
工单执行	接到市供电服务指挥中心分派的工单后进行接单处理并将处理结果回复到工单中。对即将或者已经超过处理时限要求的预警	区县 / 所责任单位
过程跟踪	对即将或者已经超过处理时限要求的预警工单进行协调督办，上报更高一级相关负责人，进行督办。通过电话、短信方式通知上级负责人	供电服务指挥中心
质量审核	95598 非抢工单在供电服务指挥中心审核后再由省客服中心人员在 95598 系统"回单确认"中审核。供电服务指挥中心审核时有约时事项建立约时工单，同时对不符合要求的工单退回责任部门重新办理	供电服务指挥中心 / 省客服中心
约时工单	对工单已按时回复但诉求事项需后续处理闭环的工单，在工单质量审核时新建约时闭环工单，由供电服务指挥中心派发至责任部门，跟踪诉求事项闭环处理情况。约时闭环工单作为第三方工单在供电服务系统新建并派发流转	供电服务指挥中心

3. 业扩全流程监视督办

（1）协同流转预警。

监控线上业扩工单受理时间、接电时间、答复供电方案时长、设计审核时长、中间检查时长、竣工验收时长、装表接电时长、工单总时长、配套工程建设时长等 18 项运行指标，对超过规定时长和应用率较低的工单向指挥人员及时发起预警和提醒。协同流转预警业务流程如图 3-13 所示。

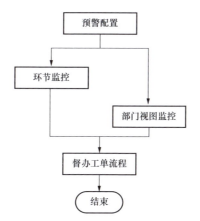

图 3-13　协同流转预警业务流程图

协同流转预警业务功能见表 3-8。

表 3-8　　　　　　　　　协同流转预警业务功能表

功能名称	功能描述	操作对象
预警配置	根据不同的地域、办电类型等信息，对业扩的监控环节的预警、告警进行配置。预警短信或电话形式告知，告警以工单形式督办。根据紧急程度，对预警进行分级，不同分级的预警发送不同层级人员	省营销部门
流程监控	按照业扩流程环节、业扩环节处理部门两种维度，对业务全流程的预警信息进行监控，生成告警、预警信息	供电服务指挥中心
稽查督办	根据业扩流程的预警、告警信息，向对应的业务部门派发稽查督办工单	供电服务指挥中心

（2）业扩工单协调督办。

督办业务超期及应用率低的工单，派发给协同部门，实现问题闭环管理。业扩工单协调督办业务流程如图 3-14 所示。

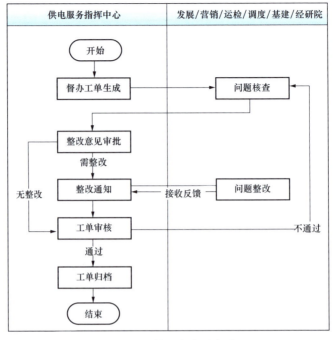

图 3-14　工单协调督办业务流程图

业扩工单协调督办功能见表 3-9。

表 3-9　　　　　　　　业扩工单协调督办功能表

功能名称	功能描述	操作对象
核查工单生成	根据告警信息提醒，生成核查工单	供电服务指挥中心
工单处理	根据督办工单进行调查核实，填写核实结果及下一步整改要求	责任部门
整改意见审批	对核查结果及整改意见进行审批，并提出审批意见	供电服务指挥中心
整改通知	相关部门接收到稽查整改审批意见后，通知其他人员进行整改	供电服务指挥中心
问题整改	根据稽查整改通知进行整改，反馈整改结果	责任部门
工单审核	对稽查处理结果进行审核，并提出审核意见。对处理结果不符合要求的返回重新处理	供电服务指挥中心
工单归档	对审核无误的工单进行归档	供电服务指挥中心

4. 客户服务应急指挥

针对社会舆情普遍关注、影响用户生命安全及重要用户的申请、变更、缴费、复电、停电通知、应急供电等供电服务事项，生成应急工单，完成工单派单、指挥、跟踪、督办、审核、评价及资源调配。客户服务应急指挥业务流程如图 3-15 所示。

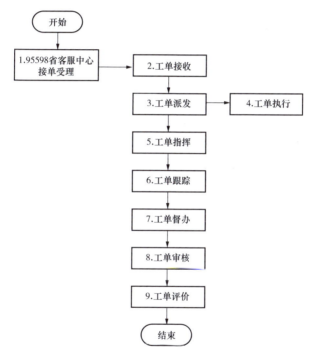

图 3-15　客户服务应急指挥业务流程图

客户服务应急指挥业务功能见表 3-10。

表 3-10　　　　　　　　客户服务应急指挥业务功能表

功能名称	功能描述	使用对象
工单受理	由 95598 省客服中心受理客户应急指挥工单	省客服中心
工单接收	供电服务中心接收被分派的客户应急指挥工单	供电服务指挥中心

续表

功能名称	功能描述	使用对象
工单派发	供电服务中心将客户应急指挥工单转派到责任区县公司，并且派发到工单指挥下一环节	供电服务指挥中心
工单执行	责任区县公司根据客户应急指挥工单内容进行处理	供电服务指挥中心
工单指挥	供电服务中心对客户应急指挥工单流转过程进行指挥协调	责任区县单位
工单跟踪	供电服务中心对客户应急指挥工单处理过程进行跟踪监控	供电服务指挥中心
工单督办	供电服务中心对客户应急指挥工单处理过程出现的异常，进行督办	供电服务指挥中心
工单审核	供电服务中心对客户应急指挥工单处理内容及过程进行审核	供电服务指挥中心
工单评价	供电服务中心对客户应急指挥工单进行评价	供电服务指挥中心

工单督查督办页面如图 3-16 所示。

图 3-16　工单督查督办页面示例图

5. 客户用电履约监控

（1）欠费停电监视督办。

接收营销业务应用系统推送的用电客户欠费停电流程信息，审核催费过程是否满足停电标准，对不符合停电的工单进行督办。欠费停电监视督办业务流程如图 3-17 所示。

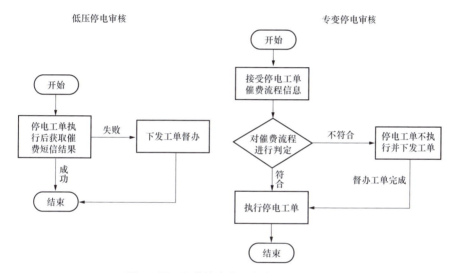

图 3-17　欠费停电监视督办业务流程图

欠费停电监视督办功能见表 3-11。

表 3-11　　　　　　　　　　欠费停电监视督办功能表

功能名称	功能内容	操作对象
停电工单接收	通过接口从营销业务系统获取停电工单信息并在本系统存档	供电服务指挥中心
催费流程审核	低压停电审核：在停电工单执行完成后审核催费短信结果，对结果失败的工单下发督办工单核查异常原因； 专变停电审核：根据营销部下发的停电催费规则进行审核，对审核失败的工单不执行停电并下发督办工单核查原因	供电服务指挥中心

功能名称	功能内容	操作对象
不符工单督办	对审核不通过的工单进行异常原因查询，避免引起客户投诉	供电服务指挥中心

（2）欠费复电监视督办。

接收营销业务应用系统推送的用电客户欠费复电流程信息，基于用电信息采集系统，获取用电客户的电能表复电事件，监控是否及时、成功完成复电工作。复电不能成功的，安排现场复电。欠费复电监视督办业务流程如图 3-18 所示。

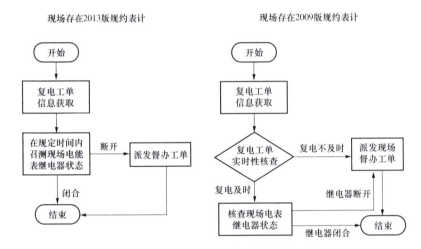

图 3-18 欠费复电监视督办业务流程图

欠费复电监视督办业务功能见表 3-12。

表 3-12　　　　　　　　　　欠费复电监视督办业务功能表

功能名称	功能内容	操作对象
复电工单接收	通过接口从营销业务系统获取复电工单信息并在本系统存档	供电服务指挥中心
工单实时性监督	通过营销业务系统获取复电工单执行结果信息，通过对比工单下发时间、执行时间、结果反馈时间判断工单执行的及时性。设定定时提醒地市员工进行复电工单下发功能	供电服务指挥中心

续表

功能名称	功能内容	操作对象
复电成功判定	通过用电信息采集系统召测电能表的继电器状态，判断复电工单是否执行成功，与反馈结果是否一致；对继电器状态为断开的电能表类型，如果是 2013 版规约表则派发现场处理工单；若是 2009 版规约表就发短信通知抄表员现场复电	供电服务指挥中心
失败工单重派	对执行失败的复电工单转至抄表员，生成掌抄机复电工单，由抄表员到现场进行复电操作；2009 版规约表：短信通知抄表员到电能表所在地进行复电操作	供电服务指挥中心

（3）超容用电监视督办。

分析核查用电量和容量明确不匹配的普通用户或分析最大需量零点冻结数据，核对用户档案中的运行容量，判断用户是否超容使用，对超容量用电的用户与超容运行异常的用户发起稽查工单，核查异常原因。超容用电监视督办业务流程如图 3-19 所示。

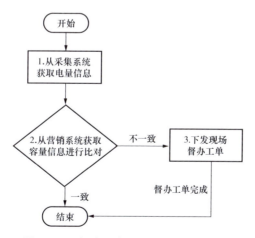

图 3-19　超容用电监视督办业务流程图

超容用电监视督办业务功能见表 3-13。

表 3-13   超容用电监视督办业务功能表

功能名称	功能内容	操作对象
超容用电监视	从用电信息采集系统获取用户的每日底码值数据计算每天的电量，累积成月电量；从营销业务系统获取用的容量信息，并根据规则进行判断对比	供电服务指挥中心
稽查工单派发	对异常的用户进行工单派发，核查超容原因	供电服务指挥中心

（4）用户供电电压等级和供电容量符合性核查。

分析电压等级和容量异常的供电单位、电压等级、用户分类、合同容量等，对于异常的用户，可发起稽查工单，查找异常原因。稽查工单业务流程图如图 3-20 所示。

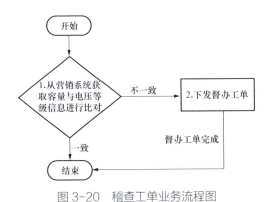

图 3-20　稽查工单业务流程图

稽查业务工单功能见表 3-14。

表 3-14   稽查业务工单功能表

功能名称	功能内容	操作对象
电压/容量异常监视	从营销业务系统获取用户的电压等级、合同容量、运行容量等信息进行电压等级与容量进行匹配对比	供电服务指挥中心

续表

功能名称	功能内容	操作对象
稽查工单派发	对异常的用户进行工单派发，由供电公司核对现场与档案一致性，核查异常原因	供电服务指挥中心

6. 营业服务监督

（1）营业厅音视频监视。

视频监督营业厅服务情况，针对营业厅不规范事件发起稽查督办工单，并截取视频录像作为工单附件下发给营业厅负责人核实处理。营业厅音视频业务流程如图 3-21 所示。

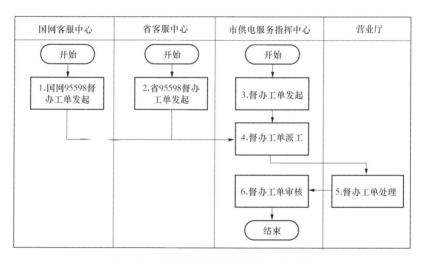

图 3-21　营业厅音视频监视业务流程图

营业厅音视频监视业务功能见表 3-15。

表 3-15　　　　　　　　营业厅音视频监视业务功能表

功能名称	功能内容	操作对象
国网 95598 督办工单发起	国网 95598 客服中心自动生成督办工单并派发	国网客服中心

续表

功能名称	功能内容	操作对象
省 95598 督办工单发起	省客服中心对营业厅不规范事件发起督办工单	省客服中心
督办工单发起	供电服务指挥中心对营业厅不规范事件发起督办工单	供电服务指挥中心
督办工单派工	供电服务指挥中心对督办工单进行派工	供电服务指挥中心
督办工单处理	营业厅针对督办工单进行处理	营业厅
督办工单审核	供电服务指挥中心对工单的处理的结果进行审核	供电服务指挥中心

（2）自动缴费终端监控。

监视和分析自助缴费终端的上线、离线、故障等状态。自动缴费终端监控业务流程如图 3–22 所示。

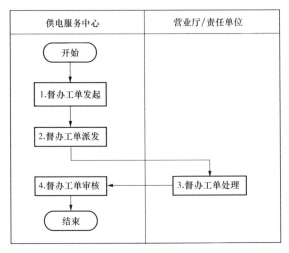

图 3-22　自动缴费终端监控业务流程图

自动缴费终端监控业务功能见表 3–16。

表 3-16   自动缴费终端监控业务功能表

功能名称	功能内容	操作对象
督办工单发起	供电服务中心人员根据一体化缴费平台反馈的自助缴费终端异常信息发起督办工单	供电服务指挥中心
督办工单派发	供电服务中心人员进行督办工单派发	供电服务指挥中心
督办工单处理	营业厅 / 责任单位人员进行督办工单的处理	营业厅
督办工单审核	供电服务中心人员对工单的处理结果进行审核	供电服务指挥中心

7. 95598 知识库维护

接收国网客服中心派发的知识采集任务工单或由地市公司收集服务过程中反馈的知识补充或更新需求，提出需要补充或更新的知识点的申请，发起申请流程。根据知识库需要完善的内容、工作量、完善的时间节点、业务分类等要求，派工给相应的部门和单位进行处理。知识录入人员完成知识库内容的完善工作并供电服务指挥中心进行初步审核、编译与报送。国网客服中心对报送的知识点进行最终审核，审核通过进行发布，否则退回或终止。95598 知识库维护业务流程如图 3-23 所示。

95598 知识库维护业务功能见表 3-17。

表 3-17   95598 知识库维护业务功能表

功能名称	功能内容	操作对象
发起知识征集	基于国网层面知识征集完善需求，国网客服中心发起知识征集工单，明确知识问题、采编要求、知识点编号、知识点完善类型（新增、删除、修改）、完善的时间节点、知识所属业务分类等	国网客服中心
发起知识征集	基于省层面知识征集完善需求，省客服中心发起知识征集工单，明确知识问题、采编要求、知识点编号、知识点完善类型（新增、删除、修改）、完善的时间节点、知识所属业务分类等	省客服中心

续表

功能名称	功能内容	操作对象
发起知识征集	基于地市层面知识征集完善需求，针对采编问题及采编要求，地市公司发起知识征集工单，明确知识问题、采编要求、知识点编号、知识点完善类型（新增、删除、修改）、完善的时间节点、知识所属业务分类等	地市供电服务指挥中心
知识征集工单派发	国网客服中心发起的知识征集工单派发至省客服中心	国网客服中心
知识征集工单派发	省客服中心将自身发起的知识征集工单和国网派发的知识征集工单，派发至相应地市的相应部门	省客服中心
知识采编录入	地市根据知识征集工单的知识问题和采编要求，编制相关知识内容，在系统录入提交	地市供电服务指挥中心
规范性准确性审核	根据知识征集工单中的知识问题和采编要求，地市逐条审核知识方案内容是否规范，检查知识方案内容是否明确和易于理解。其中，首先由地市知识库管理人员审核规范性，其次由地市营销部审核准确性。 如审核通过提交至省客服中心，如审核不通过则回退知识采编环节，并给出回退意见	地市供电服务指挥中心
规范性准确性审核	根据知识征集工单中的知识问题和采编要求，省客服中心逐条审核知识方案内容是否规范，检查知识方案内容是否明确和易于理解。其中，首先由省知识库管理人员审核规范性，其次由省营销部审核准确性。 如审核通过提交至国网客服中心，如审核不通过则回退知识采编环节，并给出回退意见	省客服中心
规范性准确性审核	根据知识征集工单中的知识问题和采编要求，国网客服中心逐条审核知识方案内容是否规范，检查知识方案内容是否明确和易于理解。其中，首先由国网知识库管理人员审核规范性，其次由国网营销部审核准确性。 如审核通过则采编结束，进入二次编辑流程。如审核不通过则回退知识采编环节，并给出回退意见	国网客服中心
知识编辑	国网客服中心对知识采编结果进行编辑	国网客服中心
知识审核	国网客服中心逐条审核知识编辑结果的内容完整性、客户化及实效性。 如审核通过则发布到指定的知识目录，如审核不通过则回退知识编辑环节，并给出回退意见	国网客服中心
知识发布	知识发布到指定的知识目录	国网客服中心

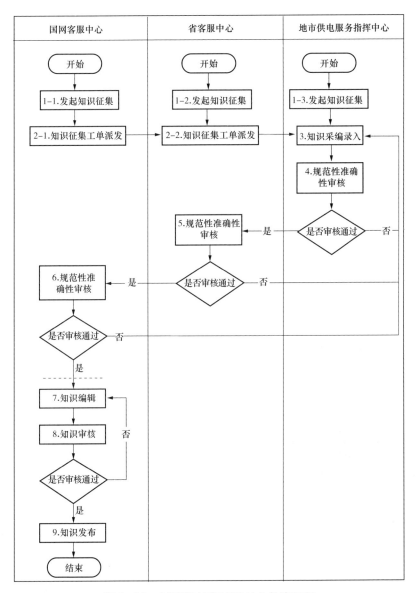

图 3-23　95598 知识库维护业务流程图

监控线上办电、现场诉求处理过程，针对超期工单适时发起督办并支持预约、回访等功能，同时监控欠费停电过程，分析复电事件发起及执行结果，实现费控客户停复电状态集中监测。互联网＋业务、客户服务全程监控页面示例如图 3-24 所示。

图 3-24　互联网＋业务、客户服务全程监控页面示例图

　　运用大数据技术监测、分析客户数据，建立客户标签，生成客户全景画像，对重要客户开展重点管控式主动服务，对敏感客户开展差异化主动服务。敏感客户全景画像示例如图 3-25 所示。

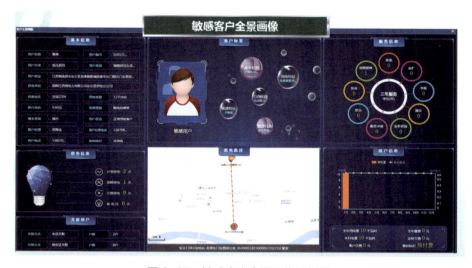

图 3-25　敏感客户全景画像示例图

二、业务协同指挥

1. 停电信息管理

（1）停电信息收集。

收集各相关业务系统的停电信息，按计划停电、电网故障停限电、有序用电停电、临时停电、超电网供电能力停限电和欠费停电等类型，分类统计、汇总、分析停电信息。停电信息收集功能见表3-18。

表 3-18　　　　　　　　　　停电信息收集功能表

功能名称	功能描述
生产类停电信息获取	从调度自动化系统、配电自动化系统、设备（资产）运维精益管理系统获取编译后的停电信息单
营销类停电信息获取	从营销业务应用系统获取用户停电信息单
停电信息单手工填报	手动新建并填写停电信息单

（2）停电信息编译。

依据停电申请信息，利用电网拓扑关系、联络开关运行状态信息进行电网拓扑分析，研判停电影响的范围；根据研判生成的停电设备、结构化地址、停电地理区域及停电影响客户信息，编译停电信息，满足停电信息发布要求。停电信息编译功能见表3-19。

表 3-19　　　　　　　　　　停电信息编译功能表

功能名称	功能描述
停电信息编译	汇总从各业务系统收集的停电信息单，按照规范要求编制停电信息，满足停电信息发布要求

（3）停电信息分析。

分析停电申请信息在申请批准的停电时间的前后一段时间内，与其他已执行、未执行的停电计划、停电申请、10kV 故障记录是否交叉，判别、预警重复停电申请；依据停电申请信息，利用电网拓扑关系、联络开关运行状态信息进行电网拓扑分析，利用电网 GIS 进行图形化展现将停电影响区域及停电影响的用户。停电信息分析功能见表 3-20。

表 3-20 停电信息分析功能表

功能名称	功能描述
重复停电分析	分析停电申请信息在申请批准的停电时间的前后一段时间内，与其他已执行、未执行的停电计划、停电申请、10 千伏故障记录，来判断是否是线路，台区，用户的重复停电。对重复停电进行预警提示和建议，给未处理，未执行的停电信息提供研判支撑
停电信息分析到户	根据营配调贯通建立的"站 - 线 - 变 - 户"关系，形成停电影响用户清单
台区地理沿布图定位	在编译好停电信息的基础上，接入台区地理沿布图的地图信息，在台区地理沿布图上定位出停电影响区域范围、受影响的变压器设备及停电用户
停电类型判别	对生产类停送电按计划停电和非计划停电进行分类

（4）停电信息审核。

对停电时间、停电区域、停电范围、播报内容等停电信息进行审核。停电信息审核功能见表 3-21。

表 3-21 停电信息审核功能表

功能名称	功能描述
停电信息审核	对提交的停电信息的停电时间、停电区域、停电范围、播报内容等进行审核

（5）执行节点跟踪和预警。

跟踪停电计划执行的时间节点，更新客户告知信息。对影响户数较多、停电未送电时间较长、超计划送电时间的停电信息进行预警，自动发送短信至相关服务人员，提醒开展主动解释、告知服务。执行节点跟踪和预警功能见表3-22。

表 3-22　　　　　　　　　　执行节点跟踪和预警功能表

功能名称	功能描述
紧急复电预警发布	监控欠费复电、远程复电行为进行关键时间点，自动监控紧急复电行为，对可能超时情况进行预警，自动发出督办信息或督办工单
停电计划执行节点信息发布	跟踪停电计划执行的时间节点，更新客户告知信息。对影响户数较多、停电未送电时间较长、超计划送电时间的停电信息进行预警，自动发送短信至相关服务人员，提醒开展主动解释、告知服务
重要\重点用户停电预警发布	获取用电信息采集系统推送的重要\重点保障用户停电信息，通知相关供电服务指挥系统中心的人员，可触发生成应急预案。展示处于停电状态的重要高危客户的用户名称、停电类型、开始停电时间等信息
频繁停电预警发布	统计一定时期内超过预警次数的停电设备信息，展示设备接带客户信息，生成频繁停电预警督办工单，派发工单至相关人员，开展重点巡视、设备消缺、现场解释等工作

（6）停电信息发布。

向上级部门、本单位相关部门及所属单位发布停电信息。根据用户重要等级要求，通过手机消息推送、短信平台等渠道通知用户，或将信息推送至客户经理，由客户经理通知客户。停电信息发布功能见表3-23。

表 3-23　　　　　　　　　　停电信息发布功能表

功能名称	功能描述
95598渠道停电信息发布	由国网客服中心在95598业务支持系统发布审核通过的生产类停送电信息
其他渠道发布停送电信息	①推送审核通过的停电信息到地市运维检修部、调控中心、营销部等部门。 ②各地市、县供电企业营销部将停电信息通知影响用户

（7）停电信息统计分析。

对停电信息分析到户应用重点监测统计项目进行统计分析。停电信息统计分析功能见表 3-24。

表 3-24　　　　　　　　停电信息统计分析功能表

功能名称	功能描述
查询功能	对所有状态的停电信息进行查询检索。对停电信息分析到户及应用重点监测统计项目进行分类查询
停（送）电信息报送统计	统计停电信息报送规范率、停电信息分析到户率、停电信息分析到户准确率、停电信息报送及时率、停电计划执行监测率、停电计划执行一致率、不重复停电计划安排率

根据线路 – 台区 – 用户关系，结合停电事件，进行影响范围的研判，实现停电分析到户分析。停电分析到户示例如图 3-26 所示。

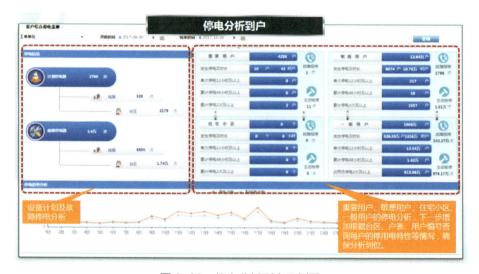

图 3-26　停电分析到户示例图

2. 抢修指挥

综合利用营配调基础档案，结合电网拓扑、运行数据等，实现配抢指挥人员故障快速获取、精准研判、准确定位与资源调配，主动派发抢修工单，高效指挥抢修工作开展，提高故障抢修效率与优质服务水平。

（1）故障信息获取。

获取客户拨打 95598 等热线电话和各类受理渠道获取的报修故障信息或者从调度自动化、配电自动化、用电信息采集、故障指示器、智能开关主站、漏电保护等系统实时获取的电网运行数据及中压（10kV、20kV 等）主线跳闸、配电变压器故障停电、分段（分支）线路跳闸（含电流突变）、线路接地故障、配电变压器缺相（断线）、低压线路故障等信息，用于故障研判。

故障信息获取功能见表 3–25。

表 3–25 　　　　　　　　　　故障信息获取功能表

功能名称	功能描述
95598 报修故障工单信息获取	①从 95598 电话报修渠道、95598 互动网站、网上国网 APP 获取报修故障工单信息，下派到省省营销业务应用系统； ②供电服务指挥系统从营销业务应用系统中获取 95598 报修故障工单信息
其他渠道报修故障信息获取	从市长热线、政府热线等第三方渠道获取工单信息，通过手工方式录入供电服务指挥系统
电网运行数据获取	从调度自动化、配电自动化、用电信息采集、故障指示器、智能开关主站、漏电保护等系统获取电网运行数据
配电网故障信息获取	从调度自动化、配电自动化、用电信息采集、故障指示器、智能开关主站、漏电保护等系统实时获取中压（10kV、20kV 等）主线跳闸、配电变压器故障停电、分段（分支）线路跳闸（含电流突变）、线路接地故障、配电变压器缺相（断线）、低压线路故障等信息

（2）故障研判。

利用计划停电、营销用户欠费、配电网线路故障等信息，结合用电信息采集系统配电变压器停上电事件、户表召测信息，判断可能的停电范围、判定报修工单是否为用户内部故障、客户欠费工单、已知计划停电、已知故障停电，通过自动匹配分析，实现同源工单提示，辅助工单合并。针对配电网中压故障，实现主线故障、支线故障、配电变压器故障、线路接地故障、低压线路故障等实时研判功能。对于低压台区故障基于智能电能表实时推送的台区总表、集中器、电能表的停上电事件，结合上级配电网运行数据以及计划停电、欠费停电等信息，主动召测低压户表数据，判别故障原因、故障范围，生成准确的故障台区（楼宇、单元）受影响用户列表和故障停电事件报告。

根据工单报修户号、电话、地址、户名等信息，结合营配基础档案、用电信息采集系统配电变压器停上电事件和户表召测信息、配电网实时故障研判结果，利用电网 GIS 拓扑供电路径分析，实现故障位置研判、研判结果自动推屏及地图定位等功能。同时基于营配基础档案及配电网拓扑结构，实现故障影响的停电相关设备及区域范围分析，停电路径展示，统计停电影响设备、小区、用户（重要用户、中压用户、低压用户等）。

故障研判功能见表 3-26。

表 3-26　　　　　　　　　　　故障研判功能表

功能名称	功能描述
报修故障研判	①根据工单用户编号对该户表召测信息，研判是否为用户内部故障； ②通过"用户欠费信息"数据研判报修用户是否为客户欠费工单； ③通过停电信息中"计划停电""临时停电""有序用电""超电网供电能力停限电"等数据研判报修工单是否为已知报送停电； ④通过【配电网实时故障研判】已研判出的主线故障、支线故障、配电变压器故障数据，研判报修用户是否为已知故障停电； ⑤研判结果同时推送给指挥人员和抢修人员

功能名称	功能描述
停电范围研判	根据报修故障研判结果得知该客户报修故障属于其中某一类，结合该故障情况，利用故障设备台账信息、电网 GIS 拓扑结构信息综合判断停电范围
同源工单判断	根据报修故障研判结果，分析与当前在抢修工单的关系，结合初判工单的供电路径（站、线、变、箱、户）关系，进行同源工单判断
主线故障研判	①主线故障失电数据研判：针对主干线失电研判可以通过以下两种情况实现，两种研判结果可作为相互校验的依据，并能实现研判结果的合并。第一种采用主干线开关跳闸信息直采（调度自动化系统），从上至下进行电网拓扑分析；第二种未接收到主干线开关跳闸信息时，采用多个分支线开关跳闸信息和联络开关运行状态，由下往上进行电源点追溯到公共主干线开关，再由该主干线开关为起点，从上至下进行电网拓扑分析，生成停电区域。 ②计划停电过滤：通过得出以上主线已失电后，结合计划停电信息分析该故障是否属于计划停电的数据
支线故障研判	①支线故障失电数据研判：针对分支线故障研判可通过以下两种情况实现，两种研判结果可作为相互校验的依据，并能实现研判结果的合并。第一种采用分支线故障信息直采（配电网自动化、故障指示器主站或智能开关主站），并从上至下进行电网拓扑分析；第二种未接收到分支线开关跳闸信息时，采用配电变压器停电告警，由下往上进行电源点追溯到公共分支线开关，再由分支线开关为起点从上至下进行电网拓扑分析，生成停电区域。 ②计划停电过滤：通过以上得出支线已失电结果后，结合计划停电信息分析该故障是否属于计划停电的数据。 ③上级主线故障过滤：结合主线故障数据分析该支线故障是否为上级主线故障导致。
配电变压器故障研判	①配电失电数据研判：针对配电变压器失电研判可通过以下两种情况实现，两种研判结果可作为相互校验的依据，并能实现研判结果的合并。第一种采用配电变压器故障信息直采（用电采集系统），并从上至下进行电网拓扑分析；第二种未接收到配电变压器故障信息时，采用低压线路失电告警，由下往上进行电源点追溯到公共配电变压器，再由该配电变压器为起点，从上至下进行电网拓扑分析，生成停电区域。 ②计划停电过滤：通过以上得出配电变压器已失电结果后，结合计划停电信息分析该故障是否属于计划停电的数据。 ③上级主线故障过滤：结合主线故障数据分析该支线故障是否为上级主线故障导致。 ④上级支线故障过滤：结合支线故障数据分析该故障是否为上级支线故障导致
线路接地故障研判	接入故障指示器、智能开关系统的接地故障信息，结合所属主线的变电站母线在同时间的零序电压发生的变化来判断是否接地故障

功能名称	功能描述
低压线路故障研判	①低压线路失电数据研判：系统接收低压分支线开关跳闸或低压采集器失电告警信息后，由下往上进行电源点追溯，获取同一时段下的公共低压分支线开关和联络开关状态信息，从上至下进行电网拓扑分析，生成停电区域。 ②计划停电过滤：通过以上得出低压线路已失电结果后，结合计划停电信息分析该故障是否属于计划停电的数据。 ③上级主线故障过滤：结合主线故障数据分析该支线故障是否为上级主线故障导致。 ④上级支线故障过滤：结合支线故障数据分析该故障是否为上级支线故障导致。 ⑤上级配电变压器故障过滤：结合配电变压器故障数据分析该故障是否为上级配电变压器故障导致
低压台区故障研判	基于智能电能表实时推送的台区总表、集中器、用电电能表的停上电事件，结合上级配电网运行数据以及计划停电、欠费停电等信息，主动召测低压户表数据，判别故障原因
故障位置研判	根据以上故障研判结果，研判出故障设备，结合营配基础档案，利用电网 GIS 拓扑供电路径分析，实现故障位置研判
故障定位	将【故障位置研判】研判出的故障断开点在 GIS 地图上进行展示
故障影响范围分析	故障影响的停电相关设备及区域范围分析：根据【客户报修故障研判】【配电网实时故障研判】【低压台区故障研判】结果，基于营配一体化台账及 GIS 电网拓扑结构，实现本故障影响的停电相关设备及区域范围（用户）分析
停电路径展示	通过 GIS 展示故障停电路径
停电影响设备统计	以表格形式统计汇总展示第一条分析出的停电影响设备数据
停电影响用户范围统计	以表格形式统计汇总展示第一条分析出的停电影响用户数据
主动抢修工单生成	综合分析实时获取的配电线路、配电变压器、用户表计等故障或异常信息，判定是否需要发起主动抢修工单
主动抢修工单派发	工单生成后，指挥抢修人员可将工单派发至相关集成单位
故障停电信息推送	根据停电信息模板编译并推送故障停电信息至停电信息模块

通过停电计划、设备故障、表计召测等综合信息自动研判故障类型，基于 GIS 可视化技术和掌上供电服务 APP，对各类工单、人员、车辆实现定位和信息共享，实现资源的统一调配和应急指挥。故障研判与信息共享页面示例如图 3-27 所示。

图 3-27　故障研判与信息共享页面示例图

（3）故障抢修指挥。

实现故障抢修工单的电网 GIS 可视化定位，辅助指挥人员进行人员、物资、车辆等资源协调、实时掌控抢修进度，并完成故障工单确认、抢修工单与抢修队伍自动匹配、快速接单、工单派发、同源工单合单、跨地市县工单转派与通知抢修人员等操作，过程跟踪抢修人员到达现场情况、现场查勘情况、故障处理情况、恢复供电情况等反馈情况，实现故障抢修处理情况的完整性、准确性审核，并根据抢修工作进展情况完成对抢修人员（客户经理）、指挥人员、分管领导等多级督办。

故障抢修指挥功能见表 3-27。

表 3-27　　　　　　　　　　　故障抢修指挥功能表

功能名称	功能描述
报修工单 GIS 定位	通过报修工单提供的信息将报修工单以图形的方式在 GIS 中展示
抢修资源情况分析	根据故障设备在 GIS 图形位置、供电服务指挥系统辅助分析抢修队伍在 GIS 图形位置、工作状态（已派工单所关联队伍信息、抢修阶段、抢修队伍处理工单数量）分析出离故障设备最优的抢修班队伍、物资数据、抢修车辆
故障工单确认	进行故障工单确认
同源工单合单	通过研判归集工单，并分析与当前在抢修工单的关系，过滤重复报修，实现主动抢修工单、95598 客户报修工单同源故障的工单合并
工单派发	将供电服务指挥系统接收到的故障工单派发到抢修队伍
抢修过程跟踪	由抢修人员通过 APP 或电话将到达现场、现场勘察、故障处理、恢复供电等情况反馈回供电服务指挥系统
故障处理审核	对处理完成并已回复故障抢修处理情况的故障抢修工单的完整性、准确性进行审核，审核不通过的工单进行回退。对已处理完成工单进行归档
工单转派	同网省平级指挥中心的工单互相转派、一级指挥站派错二级指挥站后二级指挥站的指挥人员能够直接转派到相应的二级指挥站
工单退单	一级指挥站派错二级指挥站后，二级指挥站的人员能够将这派错的工单退回到一级指挥站
故障内容准确性校验	工单在系统中进行相关信息填写或发送到相关环节时，系统会自动对工单的相关字段内容或必填字段进行校验
故障工单回复	工单在每个环节处理完相关工作发送到相应节点时，系统会自动通过接口将相关数据回传到营销系统。对于合并的工单，系统能将子单的信息按母单的内容进行回复
抢修工单退单	95598 核心业务系统下发的抢修工单确认，对非抢修类的工单能退回至 95598 核心业务系统
催办工单接单	通过 95598 客服电话或接收网上国网 APP、95598 互动网站等电子渠道提交的催办工单信息能在供电服务指挥系统进行接单
催办工单确认	对在供电服务指挥系统接收到的催办工单确认、查看

续表

功能名称	功能描述
催办工单回复	①对催办工单的接收、确认、抢修人员回复的抢修情况能通过短信、网上国网 APP、95598 网站等电子渠道回复给用户。 ②对接收催办工单能通过短信、掌上供电服务 APP 下发现场抢修人员并回复抢修信息
催办工单统计分析	对供电服务指挥系统接收到的催办工单进行统计分析按照日期、完成情况
抢修情况通知	将抢修工单处理环节的相关信息通知用户
督办规则设定	根据抢修工作进展情况，设置不同的督办时限
督办信息生成	通过抢修工单直接在供电服务指挥系统生成与抢修工单关联的督办信息
督办信息发送	①实现系统督办信息发送方式：短信、网上国网 APP 等。 ②实现系统督办信息发送方式对象：抢修人员（客户经理）、指挥人员、分管领导等。 ③根据配置的内容将督办信息发送进行发送

实现指挥人员与现场抢修人员的即时通信（语音、文本、短视频），跟踪处置情况。指挥调度页面示例如图 3-28 所示。

图 3-28　指挥调度页面示例图

（4）抢修资源调配。

监控各驻点抢修物资、车辆、人员的情况，根据综合工单报修点、抢修车位置、抢修队伍在处理、已处理工单情况、工作量情况等因素，完成可视化跟踪、监控、科学调配抢修队伍。抢修资源调配功能见表3-28。

表3-28 抢修资源调配功能表

功能名称	功能描述
抢修资源获取	获取设备（资产）运维精益管理系统中存储的抢修驻点信息\车辆信息\抢修队伍信息\抢修人员信息\抢修物料信息
抢修物料情况监控	①指挥人员通过打开"抢修物料"菜单可对系统中存储的抢修物料以列表的形式进行展示。 ②指挥人员在GIS图形中通过点开驻点图形可以对此驻点的抢修物料以列表的形式进行展示
抢修车辆信息展示	①基于车辆管理系统中抢修车辆GPS定位采集的坐标数据与GIS数据，在供电服务指挥系统将所需车辆按不同部门、使用功能进行分类展示，对工作中、未工作、即将结束工作的车辆以不同的形式在图形中展示，对抢修车辆的出车频率在图形中展示。 ②可通过车牌号或故障信息搜索，基于抢修车辆GPS定位采集的坐标数据与GIS数据结合实现即时定位：展示的参数包括：车牌、车速、位置、行驶方向、工作状态
抢修人员情况监控	通过人员与队伍、队伍与驻点之间的关系在GIS展示人员情况
抢修队伍可视化跟踪	①通过抢修队伍已接收故障抢修工单的故障设备位置与GIS数据将已调配的抢修队伍在GIS进行展示，通过抢修工单的处理阶段在图形上展示当前状态。 ②通过抢修队伍与驻点的关联在GIS展示队伍位置
抢修队伍情况分析	分析抢修队伍派工单的数量，抢修队伍当前已派工单的所处位置、处理工单的阶段
抢修队伍排序	通过工单信息分析故障设备的位置结合抢修队伍情况分析的结果，将抢修队伍进行排序
抢修队伍调派	通过确认故障设备位置后，结合抢修队伍信息展示就能很直观地管理和调配，确保抢修队伍的高效合理调配

续表

功能名称	功能描述
抢修车辆信息展示	①基于车辆管理系统中抢修车辆 GPS 定位采集的坐标数据与 GIS 数据，将所需车辆按不同部门、使用功能进行分类展示，对工作中、未工作、即将结束工作的车辆以不同的形式在图形中展示，对抢修车辆的出车频率在图形中展示。 ②通过车牌号或故障信息搜索，基于抢修车辆 GPS 定位采集的坐标数据与 GIS 数据结合实现即时定位
车辆轨迹回放	通过已接入供电服务指挥系统抢修车的历史坐标信息可分时段在 GIS 中进行轨迹回放
车辆调配	通过确认故障设备位置后，结合抢修车辆信息展示就能很直观的管理和调配，确保抢修车辆高效运转

利用 GIS 定位技术，实现电网资源、服务资源、客户需求的分层管控，实现抢修资源的最优调配。抢修资源指挥调度示例如图 3-29 所示。

图 3-29　抢修资源指挥调度示例

3. 保电任务监视

接入保电任务信息，实现对保电任务执行过程中涉及的用户状态、巡视情况、人员信息、车辆信息、物资信息、驻点信息的可视化监视。保电任务监视具体功能见表 3-29。

表 3-29　　　　　　　　　　　保电任务监视功能表

功能名称	功能描述
获取保电任务信息	从运检获取保电任务信息
用户状态信息监视	对设备运行状态：变压器及线路的电压值、电流值、负荷值、跳闸情况进行展示
获取保电任务执行信息	获取保电任务中的巡视情况、人员信息、车辆信息、物资信息、驻点信息
保电任务执行过程监视	对保电任务中的巡视情况、人员信息、车辆信息、物资信息、驻点信息进行展示

4. 应急管理管控

（1）电网应急预警。

通过设定应急的研判规则，如：电网设备故障类别、故障严重程度、影响的范围大小、持续时长、环境因素以及故障发生的时间，自动研判应急级别并启动应急，发布应急信息，研判应急事件影响范围。电网应急预警功能见表 3-30。

表 3-30　　　　　　　　　　　电网应急预警功能表

功能名称	功能描述
电网故障停电基础信息获取	基本故障数据的获取，包括电网设备故障类别、故障严重程度、影响的范围大小、持续时长。故障发生的时间判断，是否处于迎峰度夏、迎峰度冬、早晚高峰等特殊时期
电网故障停电影响客户情况分析	分析故障停电影响的客户数量，包含重要客户数量和一般客户数量

续表

功能名称	功能描述
获取气象信息	获取天气状况
应急级别研判	根据故障程度和影响范围，结合天气状况的恶劣程度（蓝、黄、橙、红四级响应），判断应急级别
电网应急事件分析	根据电网运行数据、结合天气状况，通过数据分析，实现配电网的重过载、电压质量风险评估、预警，判断应急响应级别
发布应急预警	将初步应急预警信息通过文本等方式推送给调度，运检，指挥等相关应急人员
应急研判信息确认	对生成的应急信息由应急专责人进行审核确认
应急信息推送	应急信息经审核确认后进行发布。发布的方式包括短信息、移动作业 APP 等。发布信息的接收人员包括应急指挥、抢修作业人员等

（2）电网应急指挥。

根据应急物资的基本信息参数，结合 GIS 图形，实现应急物资和设备的数量、位置等信息的定位展示与统计分析功能，统计分析及 GIS 定位营销、运检、安全应急等专业的应急队伍的应急任务执行情况，按照应急处置流程设定各个节点的处置时限，计算对应急处置节点处理时间，并生成预警和督办，同时结合从移动作业终端中接入的现场信息，实现对应急现场工作人员的工作进展情况、位置信息的远程监控功能。电网应急指挥功能见表 3–31。

表 3–31　　　　　　　　　　电网应急指挥功能表

功能名称	功能描述
应急物资信息收集	基本故障数据的获取，包括电网设备故障类别、故障严重程度、影响的范围大小、持续时长。故障发生的时间判断，是否处于迎峰度夏、迎峰度冬、早晚高峰等特殊时期

续表

功能名称	功能描述
应急物资信息展示	结合 GIS 图形展示各个单位（区域）的物资储备种类、库存数量、型号及分布情况等，辅助开展应急物资的合理调配
应急队伍信息获取	根据系统中的应急队伍信息进行汇总整理，包括应急队伍人员信息、装备信息、实时位置信息等基本数据
应急队伍信息展示	结合 GIS 定位展现功能，以地理信息图为背景展示应急队伍驻点分布、工作轨迹、工作状态
应急任务执行情况分析	开展对应急驻点区域范围、应急人员、装备、位置、工作状态等信息进行分析，同时结合应急任务，实现对各类应急队伍的应急任务执行情况进行统计分析
应急处置超期研判	设定应急处置流程重要节点阈值，自动进行超期计算。预警：根据流程节点设置的阈值，当超过阈值，生成时长预警信息；超期：根据流程节点设置的阈值，当超过阈值，生成超期信息
预警督办信息推送	利用短信通知或 APP 催办提示预警信息，并对超期预警督办

5. 服务信息发布

加强内部信息共享、工作节点管控、外部客户服务感知，实现各系统消息的统一接入，提供对内对外的 95598 智能互动网站、系统消息、电 e 宝、网上国网 APP、政务网站等线上发布通道，以及公司短信服务平台、广告机、多媒体播放终端、自助交费终端、综合服务平台等线下服务渠道，并制订统一消息发送策略，向内外部用户精准推送各类服务信息。

（1）对外消息发布。

根据客户接收服务及时性需求，在服务进度达到节点的时候，根据配置的信息模板，通知客户服务进度。对外消息发布功能见表 3–32。

表 3-32   对外消息发布功能表

功能名称	功能描述
配置服务进度消息模板	针对投诉处理、举报处理、意见处理节点，生成模板信息；将模板信息推送营销业务应用系统。
发送服务进度通知	业务流程到达投诉处理、举报处理、意见处理环节时，推送消息告知客户
配置抢修进度消息模板	针对故障抢修工单的故障工单接单、抢修到达现场、恢复供电等节点，制订并生成模板信息；将模板信息推送至营销业务应用系统
发送抢修进度通知	在故障工单接单、抢修到达现场、恢复供电节点时，将处理结果推送消息告知客户
配置停电信息模板	制订并生成停电信息模板；将模板信息推送至营销业务应用系统
推送停电信息	客户可以选择开通停电信息订阅服务；向开通此项服务的用户推送影响该用户范围的停电信息
配置量价费信息通知消息模版	制订量价费相关的信息模板；将模板信息推送至营销业务应用系统
推送电费账单	每个月电费发行后，推送电费账单给客户
推送欠费信息	存在欠费或者余额到达下限时，推送消息告知客户
推送交费成功消息	在交费成功时给客户推送缴费成功的通知
推送开通费控消息	对开通费控的用户进行信息告知
对开通费控的用户进行信息告知	低于报警阈值告警、费控停电告警进行告警通知

（2）对内消息发布。

对于配置短信关注的重要工单，在环节时限即将超期前 3 min 发送预警告知短信给处理人，提醒及时处理时限考核工单，另外，对于设定为重要流程环节的工单，在工单到达待办时，发送告知短信给处理人员，提醒及时处理工单。对内消息发布功能见表 3-33。

表 3-33 　　　　　　　　　 对内消息发布功能表

功能名称	功能描述
配置时限预警通知模板	针对关注业务的整体流程、重要环节制订考核时限，制订关键类型工单在环节时限超期前某一时间段（可配置）给环节当前处理人发送消息的模板
推送时限预警通知	在到达工单接单派工、工单处理等节点时，调用短信模板告知当前处理人
配置待办通知模板	对设置重要流程的工单环节，在工单环节到达待办时，发送消息告知给处理人员及时处理工单。制订相关的消息模板
推送待办通知	到达抢修接单派工、抢修处理、预警派工、预警处理、停复电执行等节点时，调用短信模板推送消息告知当前处理人

（3）通知公告发布。

针对不同的业务公共类型配置对应的公告模板，根据业务需要发起信息发布申请，并由审核人员对申请公告内容进行审核，填写审核结果和审核意见，审核通过后通过公告发布渠道发布公告内容。通知公告发布业务流程如图 3-30 所示。

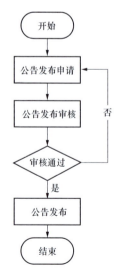

图 3-30　通知公告发布业务流程图

通知公告发布业务功能见表 3-34。

表 3-34 　　　　　　　　通知公告发布业务功能表

功能名称	功能内容	操作对象
公告发布申请	根据业务需要对电子渠道进行停电公告、政策法规、企业宣传、服务标准规范等信息发布申请的业务	电子渠道客服人员
公告发布审核	发布审核人员审核公告发布方案，并提出审核意见的业务	电子渠道客服人员
公告发布	公告发布是对公告发布内容进行确认，逐条审核公告信息内容完整性、客户化及时效性的工作	电子渠道客服人员
公告模板配置	针对不同的渠道业务公共类型配置对应的公告模板配置，如配置停电计划通知、抢修紧急通知、恶劣天气预警、政策调整、电价信息通知等公告模板，分别对不同事件配置通用的公告内容	电子渠道客服人员

三、配电运营管控

1. 配电网停运状态管控

基于网络拓扑关系、运行状态数据和业务数据，实现对配电网各层级的停电状态、供电可用系数及其影响停电时户数的真实全面掌控，实现配电停运状态的多维度统计分析，结合两票信息，自动挖掘临时停电、无票作业、停电不转负荷等不规范行为。开展配电停运状态与检修计划、工作票、抢修票、配电网工程建设、业扩报装、不停电作业等的关联性分析，分析综合检修工作中存在问题，客观评价各单位综合检修工作成效并提出改进建议。对于重要客户、重点保障客户、大中型小区的配电变压器停电信息，启动停电处置工单，指挥人员在核实后，录入是否实际停电、停电时间、损失情况等信息并主动通知客户。

（1）配电馈线停运管控。

根据配电馈线、支线、公变跳闸停运事件的综合研判，展现配电馈线、支线、公变跳闸事件，提供事件电流负荷曲线、跳闸时刻遥信、天气信息、单线图、沿布图、影响范围、负荷损失、负荷恢复、抢修工单、督办工单等详细查询，根据故障跳闸停运次数、检修停运次数、电流突变停运次数、停运总时长、平均停运时长、可用系数展现停运情况并且完成馈线、支线重复停运的统计分析，参考现场人员实际巡视结果分析配电馈线、支线跳闸原因，统计跳闸部位，生成馈线停运分析报告。配电馈线停运管控实现方式如图 3-31 所示。

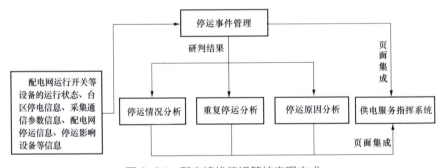

图 3-31　配电馈线停运管控实现方式

配电馈线停运管控功能见表 3-35。

表 3-35　　　　　　　　　配电馈线停运管控功能表

功能名称	功能描述
跳闸停运事件研判	以异常事件相关设备为原点，以配电网拓扑结构为分析路径，召读供电路径上的关键点设备状态，参照停运故障点分析模型，分析停运影响范围，负荷损失情况
跳闸停运事件查询	显示馈线、支线、公变停运事件及研判结果详细信息
跳闸停运情况分析	显示停电事件分类统计结果及跳闸停运清单信息，按级别提供省、地、县、班组四级配电馈线跳闸情况统计分析

续表

功能名称	功能描述
跳闸原因分析	根据现场勘察及结合天气、温度、季节、负载、缺陷、隐患、线路所处地理位置,分析跳闸相关成因、跳闸原因,录入跳闸记录
跳闸原因统计	按照线路名称、所属地市、运维班组、故障损失电量等统计跳闸原因,查看每次跳闸记录的详情
故障部位分析	根据现场勘察及相关信息分析,明确故障跳闸部位,录入跳闸记录中
跳闸部位统计	按照跳闸部位统计跳闸记录,按照线路名称、所属地市、运维班组、故障损失电量统计查询跳闸部位,查看每次跳闸记录的详情
跳闸重复停运分析	根据运维单位、运维性质、展示级别、时长、重复停运次数、停运类别以及时间段等统计配电馈线重复停运情况,显示配电馈线重复停运事件分类统计结果及停运事件清单信息
电压曲线展示	绘制当日电压曲线,在 GIS 中查看公变的 A 相、B 相、C 相或综合电压曲线
缺相比例统讯	统计公变数、缺相公变数、缺相事件次数、缺相比例,根据缺相公变数查看缺相变清单以及缺相事件记录
配电变压器缺相(断线)事件影响范围统计	统计缺相变压器负载的高压户数、低压户数以及重要户数,在 GIS 中显示供电范围,查看高压户数、低压户数、重要用户数等用户清单
配电变压器缺相(断线)情况查询统计	统计公变数、缺相公变数,缺相事件次数、缺相比例,根据三相不平衡公变数可查看缺项公变的清单,查看三相不平衡事件记录
配电变压器重复缺相(断线)统计	统计公变数、缺相公变数,缺相配电变压器比例、缺相事件总次数、缺相事件重复次数。根据缺相公变数可查看缺项公变的清单
配电支线缺相(断线)事件查询统计	统计支线缺相次数,根据缺相配电网支线数可查看缺项支线的清单,查看关联缺相事件记录
配电支线缺相(断线)情况查询统计	查询支线缺相次数,根据缺相配电网支线数可查看缺项支线的清单,查看关联缺相事件记录

（2）配电网停运分布情况可视化。

基于电网停运事件信息，按馈线、支线和公变三种停运情况通过调用 GIS 地图采用不同颜色展示不同区域范围内的电网停运信息。配电网停运分布情况可视化实现方式如图 3-32 所示。

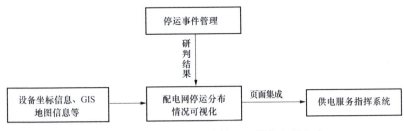

图 3-32　配电网停运分布情况可视化实现方式

（3）不规范停电作业分析。

根据设备停运数据，结合停电计划、调度计划检修操作票 / 调度抢修操作票信息，自动统计分析出临时停电、无票作业、电流突变停运、未按规定负荷转供等不规范停电作业的情况，自动生成整改督办单，通知到相关人员。不规范停电作业分析实现方式如图 3-33 所示。

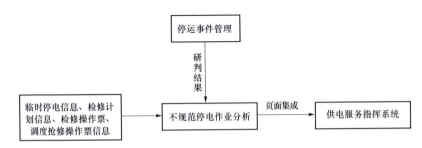

图 3-33　不规范停电作业分析实现方式

不规范停电作业分析功能见表 3-36。

表 3-36　　　　　　　　　　　不规范停电作业分析功能表

功能名称	功能描述
临时停电分析	根据临停原因、时间、影响设备、影响用户等临时停电信息，结合配电网拓扑结构，分析临时停电引起的设备停运
无票作业分析	根据检修计划信息、操作票信息，结合配电网拓扑结构，分析无票作业的设备检修
电流突变停运分析	根据停电事件研判结果获取的电流负荷信息，结合配电网拓扑结构，分析电流突变引起的设备停运
未按规定负荷转供分析	根据调度运行管理系统获取的信息，结合配电网拓扑结构，分析停电作业可转负荷但不转负荷的情况
生成整改督办单	基于上述不规范停电作业情况，自动生成整改督办单，通知到相关人员

（4）停电作业合理性分析。

根据电网拓扑关系，分析重复停运情况，分析综合检修有效性、超长停电作业等情况，分析存在问题的单位、完成停电作业合理性分析、工作改进建议单、数据统计分析，辅助生成工作改进建议单，通知到相关人员。停电作业合理性分析实现方式如图 3-34 所示。

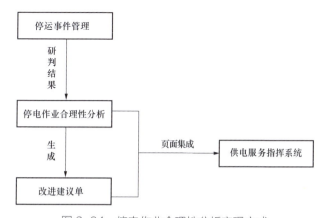

图 3-34　停电作业合理性分析实现方式

停电作业合理性分析功能见表 3-37。

表 3-37   停电作业合理性分析功能表

功能名称	功能描述
停电作业合理性分析	基于馈线、支线和公变停运信息，根据电网拓扑关系，从重复停运情况、综合检修有效性、超长停运作业等方面进行停运作业合理化分析
生成改进建议单	找出存在问题的单位，根据存在的问题自动生成工作改进建议单，通过短信，抢修平台 APP 等渠道，通知到相关人员

2.配电网缺陷统计分析

（1）缺陷成因分析。

分析重要设备缺陷形成与负载、天气、故障、上下游设备、制造厂商的相关性，找到缺陷根因。缺陷成因分析实现方式如图 3-35 所示。

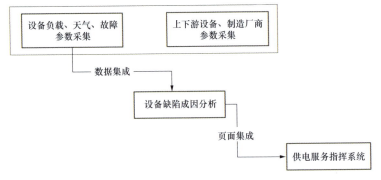

图 3-35   缺陷成因分析实现方式

缺陷成因分析功能见表 3-38。

表 3-38   缺陷成因分析功能表

功能名称	功能描述
缺陷成因分析	根据重要设备的缺陷形成与负载、天气、故障、上下游设备、制造厂商等参数的相关性，构建缺陷成因模型，根据构建的缺陷成因模型，分析缺陷成因

（2）缺陷分布分析。

按照单位、班组、网格从设备类型、缺陷类型等角度统计分析缺陷。结合各单位物资、自动化水平、人员情况，开展差异化评价、运维的管控。缺陷分布实现方式如图 3-36 所示。

图 3-36　缺陷分布实现方式

缺陷分布分析功能见表 3-39。

表 3-39　　　　　　　　　缺陷分布分析功能表

功能名称	功能描述
缺陷分布统计	按照运行单位、班组、网格、电压等级、缺陷性质、缺陷原因等条件统计分析缺陷分布情况
差异化评价	按照物资状况、自动化水平、人员构成等信息，生成差异化评价、运维的建议，指导现场运维管控

（3）缺陷预警预测。

根据缺陷形成的相关性因素，构建缺陷预测模型，基于大数据算法，对重要设备如配电变压器、断路器等的缺陷进行预警预测。缺陷预警预测实现方式如图 3-37 所示。

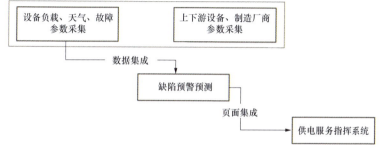

图 3-37　缺陷预警预测实现方式

缺陷预警预测功能见表 3–40。

表 3–40   缺陷预警预测功能表

功能名称	功能描述
缺陷预警预测	根据缺陷成因构建包括负载、天气、故障、上下游设备、制造厂商等。根据构建的缺陷预测模型，基于大数据算法，对重要设备如配电变压器、断路器等缺陷预警预测

（4）故障消除差异化运维措施辅助。

针对因鸟害、树障、雷害等不同原因跳闸的线路，生成差异化运维方案，提示在编制配电网巡视计划及开展技改大修时进行工作安排。故障消除差异化运维措施辅助实现方式如图 3–38 所示。

图 3-38   故障消除差异化运维措施辅助实现方式

（5）故障预警处理。

分析故障跳闸有关的天气、时间、季节、外力作业等相关性分析，预报引起故障跳闸的树障、雷击、外力破坏、季节性鸟害等异常情况，生成特巡单、开展隐患预先消缺。故障预警处理实现方式如图 3–39 所示。

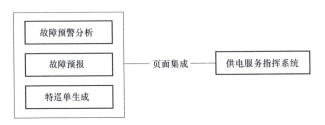

图 3-39   故障预警处理实现方式

故障预警处理功能见表 3–41。

表 3–41　　　　　　　　故障预警处理功能表

功能名称	功能描述
故障预警分析	根据故障跳闸成因的相关性分析，构建故障预警模型
故障预报	依据故障预警模型，预报可能引起故障的树障、雷击、外力破坏、季节性鸟害等异常情况
生成特巡单	根据预报情况，生成特巡单，开展隐患预先消缺工作

3. 配电网运检风险预警

（1）配电网风险评估预警。

应用大数据分析技术，评估低洼、防汛滞洪、雷区、污区、鸟害、鱼池、重要交叉跨越、山火、线下违章、外力隐患点、树害等配电设备风险点，自动生成相关的评估报告，辅助配电网在不同季节进行差异化运维和风险点改造。配电网风险评估预警实现方式如图 3–40 所示。

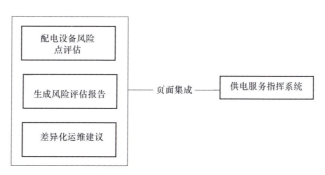

图 3-40　配电网风险评估预警实现方式

（2）配电网季节特征电压风险预判。

分析不同地域、不同季节配电网负荷变化的特征，提出表征配电网电压风险特征，用于分析计算的电压风险指标，同时建立电压风险预判模型，用于指导分析电压风险指标之间的相互关系，确定电压风险指标与负荷预测结果、节点电压水平等变量以及特殊事件之间的关系。配电网季节特征电压风险预判实现方式如图 3-41 所示。

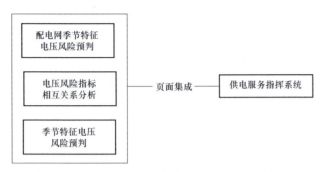

图 3-41   配电网季节特征电压风险预判实现方式

配电网季节特征电压风险预判功能见表 3-42。

表 3-42   配电网季节特征电压风险预判功能表

功能名称	功能描述
电压风险指标	根据不同地域、不同季节配电网负荷变化的特征，结合大数据分析技术，汇总出表征配电网电压风险的特征，用以分析计算电压风险指标
电压风险指标分析	通过分析电压风险指标之间的相互关系，确定电压风险指标与负荷预测结果、节点电压水平等变量以及特殊事件之间的关系，并输出结果
季节特征电压风险预判	根据制订的电压风险指标及指标间的相互关系，建立电压风险预判模型，根据电压风险预判模型，进行配电网季节特征电压风险预判

4. 配电网综合评价

（1）设备统计分析。

基于设备台账及运行状态，通过多维度统计分析，挖掘问题设备、老旧设备、参数异常设备、非标设备，辅助分析设备规模、年限、质量等数据。设备统计分析实现方式如图 3-42 所示。

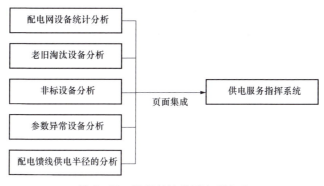

图 3-42　设备统计分析实现方式

设备统计分析功能见表 3-43。

表 3-43　　　　　　　　　　设备统计分析功能表

功能名称	功能描述
配电网设备数量统计	根据馈线、站房、断路器、配电变压器、终端等不同设备类型，按照不同的条件可视化统计分析设备的数量分布
配电网设备运行年限统计	按照运行年限统计各单位配电变压器、开关的数量
配电设备分类统计	完成开关站、配电室、环网柜、箱式变电站、电缆分支箱等设备分类统计
按家族性缺陷统计	按照设备家族 A、B、C 三类完成家族性缺陷设备数量分布
按厂家配电网设备	按照生产厂家分类统计配电网设备数量
按地域统计配电网设备数量	按照设备所属地域分类统计配电网设备数量
高损变压器分析	根据《三相配电变压器能效限定值及节能评价值》范围和超出阈值、现有配电变压器能效损耗情况进行分析
家族性缺陷厂商设备分析	采用大数据分析技术，根据缺陷性质、缺陷描述信息、缺陷处理信息自动辨识现备是否是家族性厂商设备或者疑似家族性缺陷

续表

功能名称	功能描述
配电线路供电半径统计	从线路的首端设备变电站，按照线路关系一直找到末端设备，根据两者之间线路长度计算最大差值作为线路的供电半径
配电线路供电半径统计	根据配电线路条数及每条配电线路的供电半径，计算出单位的供电半径

（2）供电能力评估。

根据配电网设备台账及运行数据，按《城市配电网运行水平和供电能力评估导则》和《配电网技术导则》，根据电网拓扑、转入及转出线路参数及实时运行数据，实现对配电网负荷转移风险评估，生成配电网线路差异化转供方案。同时，通过分析配电设备台账、状态检测结果、故障、缺陷及实时监测信息，实现配电网设备的状态评价与预警，并根据评价结论开展设备差异化运维，制订不同巡检周期并进行及时动态评价，指导开展差异化运维工作，开展设备状态评价结果与运维工作的关联性分析，对配电网运维工作成效进行客观评价。供电能力评估实现方式如图3-43所示。

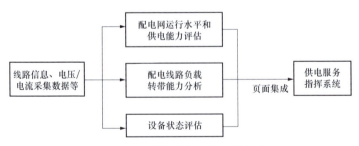

图 3-43　供电能力评估实现方式

供电能力评估功能见表 3-44。

表 3-44　　　　　　　　　　供电能力评估功能表

功能名称	功能描述
供电能力评估分析	根据负载能力及转供能力分析配电网供电能力，评估结果包括负载能力、容载比、线路重载比例、配电变压器重载比例、投运 3 年内配电变压器重载比例、投运 5 年内线路重载比例、转供能力包含线路满足 N-1 比例、线路联络率、不同变电站联络线路比例
运行水平评估分析	根据综合指标、装备水平、设备运行情况三部分分析配电网运行水平，评估指标包括供电可靠率、D 类电压合格率、综合线损率等；装备水平包含运行超 30 年线路故障停电率、运行超 20 年配电变压器故障停电率等；设备运行情况包含架空线路故障停电率、电缆线路故障停电率、配电变压器故障停电率等
城市运行水平和供电能力评估报告生成	根据配电网供电能力及运行水平分析指标评分及加权计算，得出城市运行水平
配电网负荷转移风险评估	根据电网拓扑、转入及转出线路参数及线路实时运行数据统计分析，生成配电网负荷转移风险评估报告
生成差异化转供方案	依据配电网负荷转移风险评估报告，辅助配电网线路制订差异化转供方案
设备状态分析评估	基于配电设备台账、状态检测、故障、缺陷及实时监测信息，采用大数据分析技术，分析评估配电网设备状态
实时状态评价及预警报告	监控设备运行数据和状态量指标变化，对于超出状态评价导则和规程规定范围的劣化指标发布预警，同时生成实时状态评价及预警报告模型
生成差异化运维建议	根据状态检修综合报告中设备评价结果、设备风险评估结果、设备检修决策以及设备检修试验基准周期要求，编制年度状态检修计划，计划应明确上次检修时间、检修等级、检修内容、检修工期、实施部门、费用预算等内容，状态检修计划主要由状态检修年度计划和状态检修三年滚动计划组成
建立评价建议模型	根据网架结构分析、设备状态分析、运维水平分析典型情况建立评价建议模型

5. 主动处置工单

（1）主动检修工单督办。

分析配电网非故障停运、缺相断线异常运行事件及设备健康水平，生成主动处置及预警工单，推送给班所进行现场处理、处理反馈、处理审核及归档，驱动配电网的主动运维，全程跟踪主动检修处理情况，支撑预防性检修业务开展。主动检修工单督办流程如图 3-44 所示。

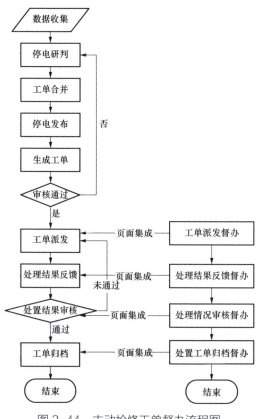

图 3-44　主动检修工单督办流程图

主动检修工单督办功能见表 3-45。

表 3-45　　　　　　　主动检修工单督办功能表

流程节点	具体内容	操作对象
工单派发	根据停电研判的结果将配电馈线停运处置工单、支线停运处置工单、配电变压器停运处置工单、配电变压器缺相断线处置工单派发至相应区域的检修班组责任部门和责任人	运检专责

续表

流程节点	具体内容	操作对象
处理结果反馈	收集现场检修人员用移动作业终端上传来的工单检修数据信息，包括处置方式，处置时间等	现场检修人员
处理结果审核	对检修班组检修处置的结果进行人工工单审核，包括完整性审核和正确性审核，审核其是否合理、是否完成。该功能具备选择项，完成／未完成，若未完成继续派单下去	运检检修负责人
处置工单归档	对处置审核结果为完成的工单进行入库归档处理，该条入库信息包含停电时间、停电区段、停电原因、所属班组、检修时间、检修处置方案等一整条工单信息	运检专责

（2）主动预警工单督办。

基于设备实时运行数据，自动推送出配电线路过载、低电压、电压越限等异常事件，并以预警工单的形式自动推送给班所进行现场处理、处理情况

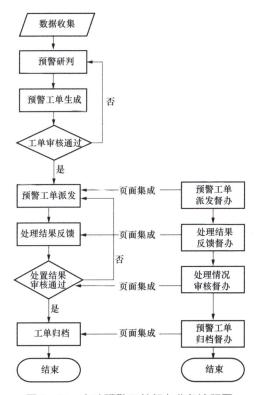

图 3-45　主动预警工单督办业务流程图

反馈、处理情况跟踪归档的功能，同时由指挥人员监督执行情况。主动预警工单督办业务流程如图 3–45 所示。

主动预警工单督办业务功能见表 3–46。

表 3–46　　　　　　　　　主动预警工单督办业务功能表

流程节点	具体内容	操作对象
信息收集	接收来自用电信息采集系统的设备实时运行数据，然后根据规则计算出配电变压器的过载信息。计算分析得出配电线路和配电变压器的低电压、线路过载信息等	运检专责
预警研判	针对收集上来的信息进行分类分析，分析出不同的预警工单类型	运检专责
预警工单生成	生成母线越限预警工单、配电馈线过载预警工单、支线过载预警工单、配电变压器过载预警工单、配电变压器低电压预警工单、配电变压器三相不平衡预警工单	运检专责
预警工单审核	人工审核生成预警工单，判断是否达到预警级别，预警研判的结果是否合理，该工单是否需要派发等，具备选择项	检修负责人
预警工单派发	根据预警研判结果，将审核通过的预警工单派发至相关责任部门和责任人及所属抢修班组。可自动派发也可手动派发	检修负责人
预警工单处置结果反馈	具备检修班组处置结果信息回填填报功能，抢修班组可回填采取措施及处理情况。系统可接收现场检修人员用移动作业终端上传来的数据，包含处置方法、处置时间等	现场检修人员
预警工单处置结果审核	对抢修班组处理的结果进行人工工单审核，包括完整性审核和正确性审核，审核处置方式是否合适，是否完成本次预警检修工单。具备选择项，完成 / 未完成，若未完成继续工单派发下去，完成进行归档入库	检修负责人
预警工单归档	将处理完成的预警工单进行入库归档，该条信息包含预警工单类别、预警设备、预警原因、所属班组、检修处置方法、处置时间等一整条工单信息	检修负责人

四、服务质量监督

1. 业扩报装监控分析

（1）线上办理情况监控。

监控网上国网 APP、95598 智能互动网站等线上办电渠道的业务受理与办理情况，内部多部门协同环节和移动作业应用情况。线上办理情况监控如图 3-46 所示。

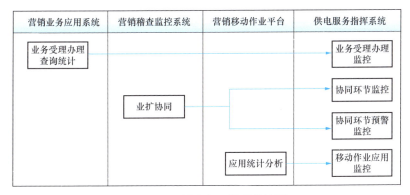

图 3-46　线上办理情况监控图

线上办理情况监控功能见表 3-47。

表 3-47　　　　　　　　线上办理情况监控功能表

流程节点	具体内容	操作对象
业务受理办理监控	监控来自各类电子渠道（如网上国网 APP、95598 网站等）的线上业务办理情况	供电服务指挥中心
协同环节监控	对多部门协同处理环节的工作情况进行监控，监控协同部门环节的及时性	供电服务指挥中心
协同环节预警监控	监控多部门协同环节处理时长，通过设置预警阈值，对业扩工单流程协同环节的处理时长进行研判，生成预警信息、告警信息等	供电服务指挥中心

续表

流程节点	具体内容	操作对象
移动作业应用监控	监控移动终端应用的使用频率、访问量、业务处理等情况，并对上述情况进行统计分析	供电服务指挥中心

（2）高压新装与增容流程监控。

监控高压新装与增容平均办电时间，以及供电方案答复、设计文件审核、中间检查、竣工检验、装表接电环节的时长，结存用户及容量的变化趋势。高压新装与增容流程监控如图 3-47 所示。

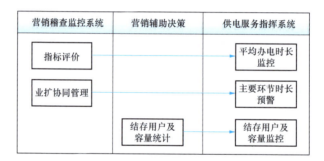

图 3-47　高压新装与增容流程监控图

高压新装与增容流程监控功能见表 3-48。

表 3-48　　　　　　　　高压新装与增容流程监控功能表

流程节点	具体内容	操作对象
平均办电时长监控	监控高压新装与增容业务，选取一段时间内的已归档工单数据来统计高压新装与增容平均办电时长	供电服务指挥中心
主要环节时长预警	监控主要环节处理的异常数据，通过设置预警阈值，对业扩工单流程的主要环节时长进行研判，生成预警信息、告警信息等，可按严重程度对信息进行分级	供电服务指挥中心
结存用户及容量监控	监控结存用户和容量情况，主要统计在途新装、增容、减容、销户等业务和容量变化，并展示增长量、容量变化趋势等信息	供电服务指挥中心

（3）变更用电业务监控。

监控永久减容、销户情况和变化趋势，暂停及暂停恢复的用户及容量构成情况和变化趋势。变更用电业务监控功能见表 3-49。

表 3-49   变更用电业务监控功能表

流程节点	具体内容	操作对象
变更用电业务监控	监控永久减容、销户、暂停、暂停恢复的用户、容量增长量和变化趋势，并对结果数据进行统计	供电服务指挥中心

（4）业务异常监控。

监控高压业扩时间偏差、时间异常和高压新装时长过短等业务异常情况。业务异常监控如图 3-48 所示。

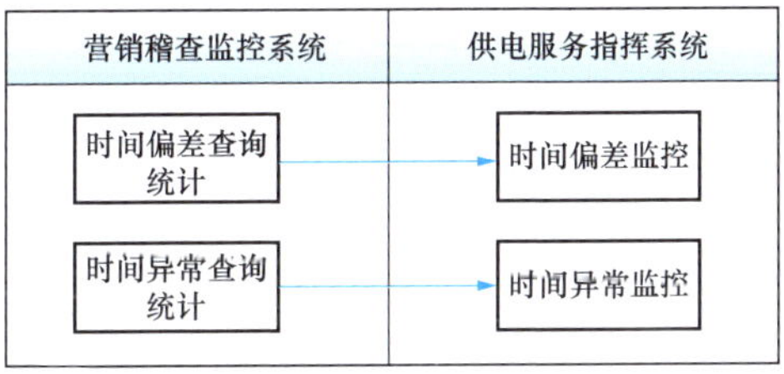

图 3-48　业务异常监控图

业务异常监控功能见表 3-50。

表 3-50   业务异常监控功能表

流程节点	具体内容	操作对象
用户满意度分析	监控永久减容、销户、暂停、暂停恢复的用户、容量增长量和变化趋势，并对结果数据进行统计	供电服务指挥中心

（5）客户满意度分析。

基于客户评价数据，对新装、增容、减容、暂停等业务的客户满意度评价情况、不满意原因、影响客户体验的服务问题进行分析，并根据不同地域、用电属性和客户群体进行聚类分析，定位影响客户体验的主要问题。客户满意度分析如图 3-49 所示。

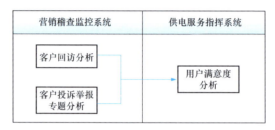

图 3-49　客户满意度分析图

客户满意度分析功能见表 3-51。

表 3-51　　　　　　　　　客户满意度分析功能表

流程节点	具体内容	操作对象
用户满意度分析	基于客户评价数据，分析新装、增容、减容、暂停等业务的满意度和评价情况、不满意原因、影响因素（包括电子渠道客户评价）等，并根据不同区域、用电属性、客户群体进行聚类分析，挖掘影响客户体验的主要问题	供电服务指挥中心

（6）工作效率分析。

分析高压新装、增容业务整体平均时长变化趋势，主要环节时效贡献率，内部协同及时率，配套工程执行进度，评价业务成效，挖掘影响工作效率的主要环节和因素。工作效率分析流程如图 3-50 所示。

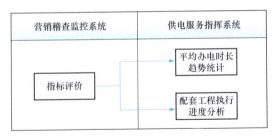

图 3-50 工作效率分析流程

工作效率分析功能见表 3-52。

表 3-52   工作效率分析功能表

流程节点	具体内容	操作对象
平均办电时长趋势统计	分析高压新装、增容业务，选取一段时间内的已归档工单来统计新装、增容平均办电时长、主要环节时效贡献率、内部协同及时率等多方面进行统计	供电服务指挥中心
配套工程执行进度分析	分析配套工程或配套工程环节对高压新装、增容业务整体效率的影响情况	供电服务指挥中心

（7）报装趋势分析。

基于营销业务数据，对高压新装、增容和减容、销户情况进行分析，掌握新装、增容、减容、销户的用户及容量构成情况和变化趋势；对客户构成情况进行分析，掌握用电客户的构成情况和变化趋势。报装趋势分析如图3-51 所示。

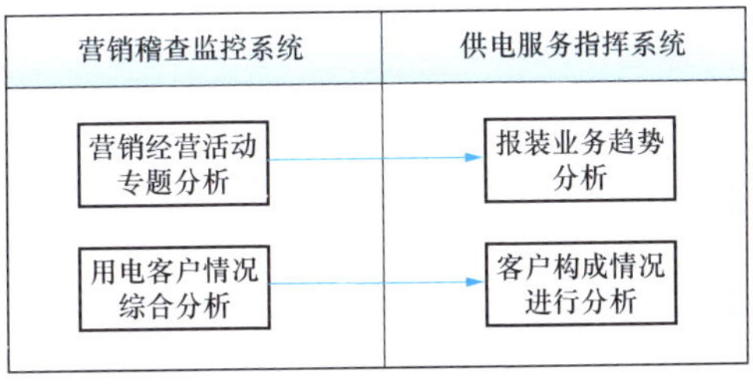

```
┌──────────────────┬──────────────────┐
│ 营销稽查监控系统  │ 供电服务指挥系统  │
├──────────────────┼──────────────────┤
│  ┌──────────┐    │  ┌──────────┐    │
│  │营销经营活动│───→│  │报装业务趋势│    │
│  │专题分析   │    │  │分析      │    │
│  └──────────┘    │  └──────────┘    │
│  ┌──────────┐    │  ┌──────────┐    │
│  │用电客户情况│───→│  │客户构成情况│    │
│  │综合分析   │    │  │进行分析   │    │
│  └──────────┘    │  └──────────┘    │
└──────────────────┴──────────────────┘
```

图 3-51 报装趋势分析图

报装趋势分析功能见表 3-53。

表 3-53　　　　　　　　　　报装趋势分析功能表

流程节点	具体内容	操作对象
报装业务趋势分析	分析高压新装、增容、减容、销户的用户、容量增长量和变化趋势，并对结果数据进行统计	供电服务指挥中心
客户构成情况分析	通过对用电客户增长变化趋势进行分析，采用趋势分析法、因素分析法等多种分析方法，掌握地区经济发展、社会上重点行业发展情况对用电客户变化的影响	供电服务指挥中心

2. 电子渠道运营管控

（1）综合统计分析。

实现各种电子渠道的用户注册、绑定统计展示，按照供电单位、用户分类、缴费方式对各种电子渠道的交易情况展示，按照报装受理类型对各种电子渠道的受理通过率监控分析。综合统计分析如图 3-52 所示。

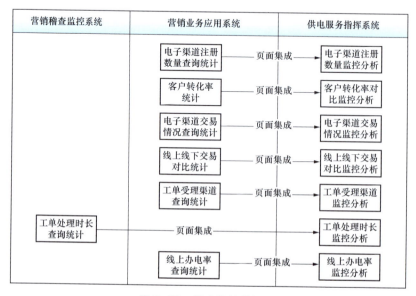

图 3-52　综合统计分析图

综合统计分析功能见表 3-54。

表 3-54　　　　　　　　综合统计分析功能表

流程节点	具体内容	操作对象
电子渠道注册数量监控分析	按照供电单位、统计时间等维度统计及对比分析不同电子渠道的用户注册数量	供电服务指挥中心
客户转化率对比监控分析	根据用户注册数量及业务受理的用户数量，计算不同电子渠道的客户转化率，并进行对比分析及展示	供电服务指挥中心
电子渠道交易情况监控分析	根据供电单位、用户分类、统计时间等维度统计及对比分析不同电子渠道的交易情况，包括交费金额、交费方式等	供电服务指挥中心
线上、线下交易对比监控分析	①按照年、月等跨度实现电子渠道与营业厅、自主服务机等非电子渠道的交易情况的纵向对比。②电子渠道与非电子渠道交易情况横向对比，包含同比、环比等	供电服务指挥中心
工单受理渠道监控分析	根据供电单位、工单类型、工单办理环节、用户分类、统计时间等维度统计工单受理情况，包括工单受理渠道、工单受理的数量等	供电服务指挥中心
工单处理时长监控分析	根据供电单位、统计时间等维度统计不同工单类型的平均工单处理时长	供电服务指挥中心
线上办电率监控分析	根据渠道方式、统计时间等维度，统计不同供电单位的线上办电业务数量	供电服务指挥中心

（2）业务发展预测。

分析客户服务渠道基本信息、业务流量，构建服务渠道业务流量预测模型，发现不同渠道的业务流量变化及客户渠道迁移规律。业务发展预测如图 3-53 所示。

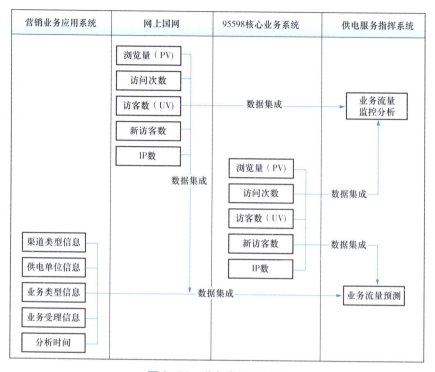

图 3-53　业务发展预测图

业务发展预测功能见表 3-55。

表 3-55　业务发展预测功能表

流程节点	具体内容	操作对象
业务流量监控分析	基于浏览量（PV）、访问次数、访客数（UV）、新访客数、IP 数等指标，针对不同渠道、不同业务类型进行流量分析	营销、指挥
业务流量预测	应用聚类分析、时间序列等算法，建立预测模型，预测未来不同渠道的业务流量趋势	营销、指挥

（3）客户体验分析。

开展电子渠道发展趋势分析，按照时间维度分析各电子渠道的业务发展轨迹及发展趋势，分析客户体验与公司供电服务流程、服务能力、服务资源等因素的相关性，识别影响客户体验关键因素。客户体验分析如图 3-54 所示。

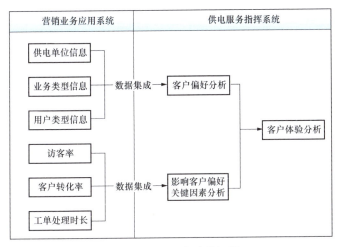

图 3-54　客服体验分析图

客户体验分析功能见表 3-56。

表 3-56　客户体验分析功能表

流程节点	具体内容	操作对象
客户体验分析	①分析常见业务的电子渠道受理方式，识别客户的使用习惯； ②分析访客率、客户转化率、工单处理时长等指标，识别影响客户体验的关键因素，指导产品改进，提升客户体验	营销、指挥

3. 停电计划执行分析

结合智能电能表停、上电事件，以及电网调度控制系统、配电自动化系统推送的信息，分析停电计划的实际执行情况，分析停电偏差、许可偏差、终结提前偏差、终结之后偏差、延误送电等情况。停电计划执行分析实现方式如图 3-55 所示。

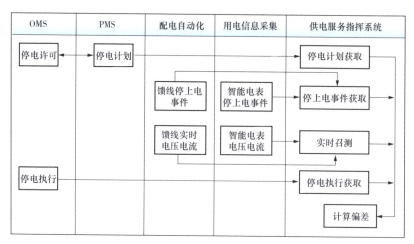

图 3-55　停电计划执行分析图

4. 配电网运营管理分析

（1）日常运维分析。

根据配电网巡视及现场作业等数据，挖掘日常运维作业中存在的超期巡视及人员承载力等问题，辅助提高日常运维作业的成效。日常运维分析实现方式如图 3-56 所示。

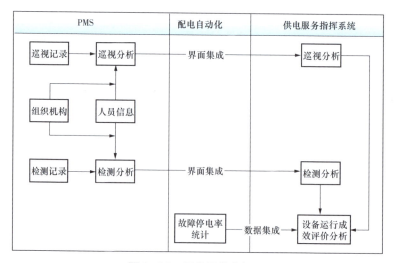

图 3-56　日常运维分析图

日常运维分析功能见表 3-57。

表 3-57　　　　　　　　　　　日常运维分析功能表

功能名称	功能内容
巡视分析	①按层级（网/地/县/班组供电所四层维度）、人员、设备，统计巡视次数、工时、成本； ②人员承载力分析
检测分析	①按层级（网/地/县/班组供电所四层维度）、人员、设备，统计检测次数、工时、成本； ②人员承载力分析
设备运行成效评价分析	分析巡视、检测的工作与故障停电率的关系

（2）检修作业分析。

根据配电网检修作业、设备故障等数据，挖掘配电网检修作业中存在的超期检修、过度检修、无/少效检修及人员承载力等问题。

1）按次数、工时、成本、成效等统计配电网检修工作维度，检修实现方式如图 3-57 所示。

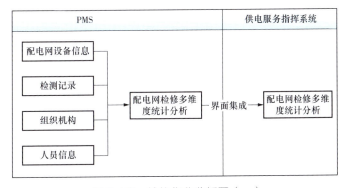

图 3-57　检修作业分析图（一）

2）自动分析配电网检修作业中存在的超期检修，实现方式如图 3-58 所示。

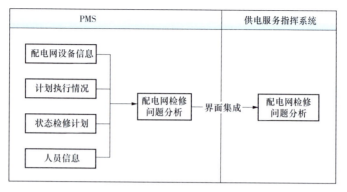

图 3-58　检修作业分析图（二）

3）分析检修计划、两票、检修记录等业务过程，检查关键内容的规范性、及时性。实现方式如图 3-59 所示。

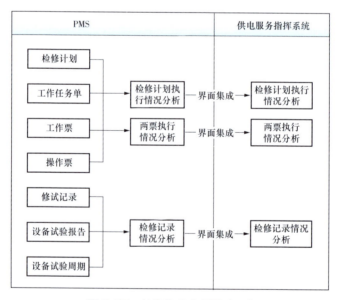

图 3-59　检修作业分析图（三）

4）根据年度检修工作情况，分析检修人员的承载力及工作负荷情况，实现方式如图 3-60 所示。

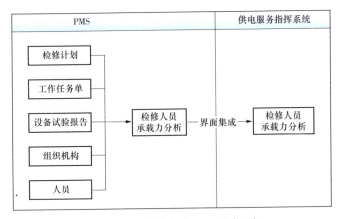

图 3-60 检修作业分析图（四）

5）按评价周期对工作负责人、配电运维班组负责的配电网检修工作的评价。实现方式如图 3-61 所示。

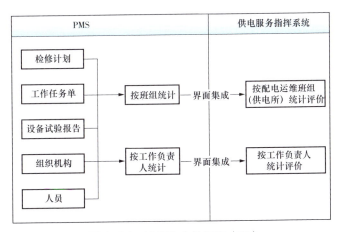

图 3-61 检修作业分析图（五）

（3）不停电作业分析。

根据配电网不停电作业数据，按次数、工时、成本、成效等统计、挖掘配电网不停电作业工作中存在的人员承载力、装备等问题，并按照检修工单数量、出勤人天数、处理及时性、平均检修时长、减少停运时长等方面完成不停电作业工作评价。不停电作业分析实现方式如图 3-62 所示。

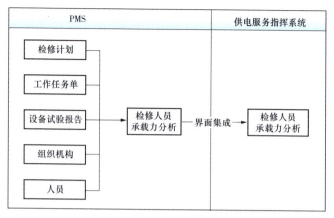

图 3-62　不停电作业分析图

（4）配电网工程分析。

基于配电网工程、电网运行等数据，掌控配电网工程开展情况及投资情况，主动研判配电网工程管理中存在的投资成效不显著、改造策略不经济的问题，挖掘典型设计应用、项目进度、项目成效存在问题的项目，分析原因，辅助制订改造策略。配电网工程分析实现方式如图 3-63 所示。

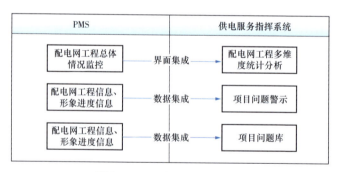

图 3-63　配电网工程分析图

（5）配电网工程多维度统计分析。

按形象进度、典型设计应用情况、工程投资精准度、工程成效等维度进行统计分析。

配电网工程多维度统计分析功能见表 3-58。

表 3-58　　　　　　　　配电网工程多维度统计分析功能表

功能名称	具体内容
配电网工程总体展示	以可视化的方式展示配电网工程项目的指标，监控配电网工程的形象进度及资金进展情况，统计项目典型设计应用率
工程投资精准度分析	对工程项目投资精准度进行分析，挖掘工程投资与社会效益、经济效益的关联关系，以问题为导向分析成效

（6）项目问题警示。

自动推送出典型应用率差、项目进度滞后、项目成效达不到预期的项目，并发警示单至相关人员。

（7）项目问题库。

根据电网异常情况，制订相应规则，自动形成配电网问题库，同时提供问题库的维护和审核功能。项目问题库功能见表 3-59。

表 3-59　　　　　　　　　　项目问题库功能表

流程节点	具体内容
项目问题库	电网异常规则编制，配电网问题库自动生成，配电网问题库维护及审核

5. 配电网运检指标管控

面向监管层面，实现设备类、工程类、作业质量类关键运行指标的分析展现。同时，制订各类指标的合理区间，跟踪指标的走势，验证业务开展成效，辅助发现弱项指标，并对指标异常情况进行预警和分析，实现各类指标全过程管控。主要包括配电网规模指标、配电网同期线损指标、配电自动化指标、配电网运检指标、供电服务指标、配电网工程指标、配电自动化指标、辅助决策分析等内容。配电网运检指标管控如图 3-64 所示。

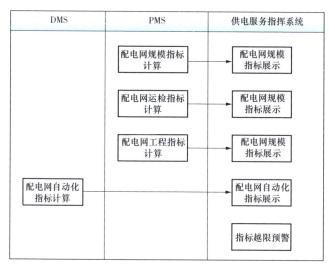

图 3-64   配电网运检指标管控图

（1）配电网规模指标。

实现配电网规模指标（如线路电缆化率、绝缘化率、联络率、平均供电半径、$N-1$ 比例等）的可视化分析，实时跟踪配电网规模指标变化、对超出阈值的指标进行预警，辅助分析指标短板、提出改进策略。配电网规模指标功能见表 3-60。

表 3-60   配电网规模指标功能表

功能名称	功能描述
配电网规模指标	包括配电网规模指标可视化分析、配电网规模指标越限预警、配电网同期线损指标三部分业务
配电网规模指标可视化分析	统计分析线路电缆化率、绝缘化率、联络率、平均供电半径、$N-1$ 比例等配电网规模指标
配电网规模指标越限预警	根据年度工作目标，实时跟踪配电网规模指标变化，对配电网规模指标超出阈值的情况进行预警，并通知到相关人员进行处理
配电网同期线损指标	开展降损与配电网工程改造、运维工作的关联性分析，客观评价配电网运维工作成效

（2）配电网运检指标。

实现配电网检修指标（如配电设备消缺率、配电设备故障跳闸率、供电可用系数、电压合格率、重过载率、低电压、配电网计划检修完成率、平均检修时长、不停电作业化率等）的可视化分析，实时跟踪配电网检修指标变化、对超出阈值的指标进行预警，辅助分析指标短板、提出改进策略。配电网运检指标功能见表3-61。

表 3-61　　　　　　　　　配电网运检指标功能表

功能名称	功能描述
配电网检修指标可视化	对配电网检修指标进行统计分析与图形化展示
配电网检修指标越限预警	根据年度工作目标对超出阈值的情况进行预警，并通知到相关人员进行处理

（3）配电网工程指标。

实现配电网工程指标（如资金完成率、任务完成率、形象进度等）的可视化分析，实时跟踪配电网工程指标变化、对超出阈值的指标进行预警，辅助分析指标短板、提出改进策略。配电网工程指标功能见表3-62。

表 3-62　　　　　　　　　配电网工程指标功能表

功能名称	功能描述
配电网工程指标可视化	对配电网工程指标（如资金完成率、任务完成率、形象进度等）进行统计分析与图形化展示
配电网工程越限预警	根据年度工作目标，实时跟踪配电网工程指标变化，对配电网工程指标超出阈值的情况进行预警，并通知到相关人员进行处理

（4）配电自动化指标。

实现配电自动化终端数据完整率、自动化覆盖率、终端在线率、遥控成功率等指标的可视化分析，实时跟踪配电自动化指标变化、对超出阈值的指标进行预警，辅助分析指标短板。配电自动化指标功能见表 3-63。

表 3-63　　　　　　　　　　　配电自动化指标功能表

功能名称	功能描述
指标可视化	对配电自动化指标进行统计分析与图形化展示
越限预警	根据年度工作目标，实时跟踪配电自动化指标变化，对配电自动化指标超出阈值的情况进行预警，并通知到相关人员进行处理
改进方案管控	对改进指标的方案及其执行情况进行管控，跟踪方案成效

提供输变配关键运行指标展示和各类业务的专题分析，全景展示电网主要运行信息，通过可视化板块功能，一站式完成主要业务的层级穿透及多维分析。主要业务的层级穿透及多维分析如图 3-65 和图 3-66 所示。

图 3-65　主要业务的层级穿透及多维分析图（一）

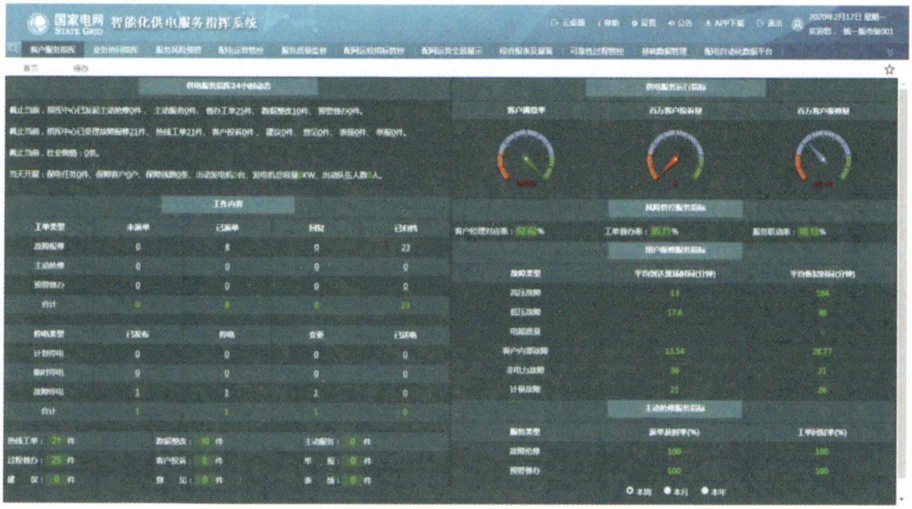

图 3-66　主要业务的层级穿透及多维分析图（二）

通过各项指标掌控全省配电网运行健康状况、配电网整体运行情况，如图 3-67 所示。

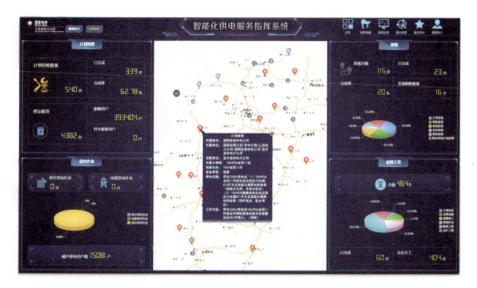

图 3-67　配电网运行健康状况和整体运行情况指标图

通过 GIS 展现设备停运、设备运行负载等电网异常事件的分布情况，直

观掌握配电网设备状态异常、运维管理情况，掌控电网设备运行风险状态，

辅助配电网决策分析，如图 3-68 所示。

图 3-68　电网设备运行风险状态图

第三节　系统高级应用分析

一、精准故障研判

1.应用需求

配电网抢修过程中，往往存在难以快速定位故障点、确定故障类型、分析故障原因等困难，配电网抢修指挥过程中坐席人员往往需要多次派单，抢修人员花费很多的时间以及人力查找故障点。在故障发生第一时间内找出故障位置、分析故障发生的具体原因、得出故障造成影响的程度，并快速做出反应，制订最佳解决方案是迫切需要解决的问题。同时传统的配电网抢修模式主要依赖于用户电话报修，"被动式抢修"越来越难以适应技术进步和服务提升的要求，如何综合有效利用各类信息系统数据，通过故障研判实现故障位置、故障原因的准确分析，支撑"被动抢修"向"主动抢修"的转变。

2.功能分析

系统从用电采集系统、配电自动化、调度自动化系统等实时系统获取设备故障事件，基于营销与运检的营配数据融合，通过分析设备拓扑结构与设备实时运行数据，在故障信息推送后实现故障位置定位、上游设备分析、下游用户分类，完成故障类型、故障原因、影响范围、抢修策略制订等抢修前的分析工作，帮助指挥中心及时派工、准确通知相关人员，避免错派、重复派工，缩短抢修人员巡视时间，避免故障影响范围扩大。精准故障研判所需数据见表3-64。

表 3-64 精准故障研判所需数据

应用系统	数据内容
配电自动化系统	开关变位及故障跳闸信息
调度自动化系统	开关事故分闸告警信息及保护动作信息
用电信息采集系统	配电变压器、用户计量装置运行信息
95598 营销业务系统	用户报修信息涉及结构化地址、用户户号等信息
生产管理系统	中低压配电网相关的设备信息和网络拓扑关系
营配贯通平台	配电变压器对应的用户结构化地址信息
小水电系统	故障指示器短路、接地等告警信息

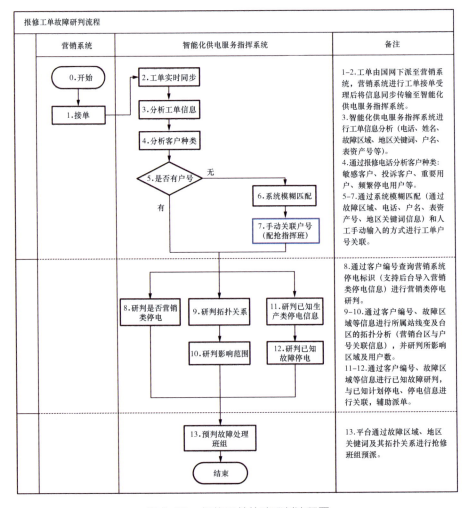

图 3-69　报修工单故障研判流程图

（1）用户报修研判。

基于故障报修的用户编号、联系电话、用户地址等内容，完成计量箱定位、用户类型、电源追溯、营销类停电（欠费、传销、窃电）、故障类停电（计划、主线、支线、配电变压器）的研判分析并自动准确匹配抢修班组，研判流程如图 3-69 所示。

工单信息分析流程见表 3-65。

表 3-65　　　　　　　　　　工单信息分析流程表

流程环节	流程内容
工单信息分析	获取有效信息
大数据分词	对于无用户编号的故障报修工单，分析工单地址，匹配用户地址信息（考虑谐音），将相似度最高用户列为疑似用户，查询用户所属台区信息，将对应率最高台区列为疑似故障台区。若用户所属台区均不一样，取地址匹配度最高户号
敏感用户研判	通过联系电话搜索敏感用户库进行匹配，若是敏感用户则在主页面进行标记，并在待办页面生成主动服务提示
重要用户研判	通过联系电话搜索重要用户库进行匹配，若是重要用户则在主页面进行标记，并在待办页面生成主动服务提示
查询用户编号	实时调用营销接口，获取营销基础数据：供电单位、用户状态、营业区域、用电地址、用户分类、行业分类等
特殊停电研判	匹配特殊停电电能表中的用户编号
欠费停电研判	获取欠费停电标识及欠费金额
电源拓扑关系	基于用户编号查询站 - 线 - 变 - 台 - 户拓扑关系
计划停电研判	通过电源拓扑中研判出所属线路与配电变压器，匹配计划停电中设备编码、计划停电时间
已知故障研判	通过电源拓扑中研判出所属线路与配电变压器，匹配故障停电事件中主线故障、支线故障、配电变压器故障中设备编码、故障时间，如果以上研判步骤均不是，则为单户故障停电
户表召测	召测该户电能表电压值，如果电压值正常则判定为客户内部故障，否则判定为单户故障停电

（2）配电网故障研判。

在配电网故障研判体系中，将故障分为客户失电、低压线路失电、配电变压器失电、分支线失电、主干线失电 5 个层次。为了准确实现配电网故障的分级、分层研判，建立配电网分层拓扑模型，如图 3-70 所示，故障研判网络拓扑图为星型结构网络图。

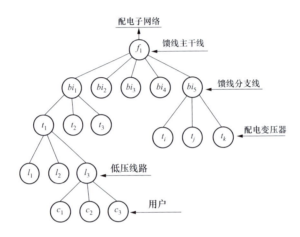

图 3-70　故障研判网络拓扑图

结构网络模型的中心节点表示馈线主干线，主干线以集合 $F=f_1, f_2, \cdots, f_n$ 表示。分支线作为主干线的一部分，为相应主干线的二级节点，其中元素为该主干线对应的分支线，以集合 $B=(b_1, b_2, \cdots, b_n)$ 表示。以下三层分别为与上级配电设备对应的配电变压器、低压线路及低压客户，分别以集合 $T=(t_1, t_2, \cdots, t_n)$、$l=(l_1, l_2, \cdots, l_n)$、$C=(c_1, c_2, \cdots, c_n)$ 表示。每一个父节点对应下一层一个子节点的集合；每一组子节点集合对应上一层的一个父节点。

结合每层节点的数据结构，定义运行（故障）信息向量 $P=(p_1, p_2, \cdots, p_n)^{\mathrm{T}}$ 若召测对应第 i 个节点的设备运行信息为失电，则 $p_i=0$；反之，则 $p_i=1$。通过上下层节点连接关系，可对节点的故障信息进行验证，记父节点 g_k

的故障信息为 p_{gk}，其对应所有子节点集合为 $G_k=(G_{k1}, G_{k2}, \cdots, G_{kn})$，可以根据式（3-1）判别或验证 p_{gk}

$$p_{gk} = \begin{cases} 1, G_k' P_k' \neq 0 \\ 0, G_k' P_k' = 0 \end{cases} \qquad (3\text{-}1)$$

不同的故障告警信息触发不同层次的研判流程。若同一时段接收到多个告警信息，利用实时召测和"户－变－线－站"电源追溯，逐级校验客户侧表计故障、配电变压器故障、分支线故障和主干线故障等信息的准确性，准确性校验原则如下：

（1）主干线开关跳闸信息应结合该线路下的分支线开关失电信息和多个配电变压器停电告警信息，校验主干线开关跳闸信息的准确性。

（2）分支线开关跳闸信息应结合该分支线路下的多个配电变压器停电告警信息，校验分支线开关跳闸信息的准确性。

（3）配电变压器停电告警信息应通过实时召测配电变压器终端及该配电变压器下随机多个低压计量装置的电压、电流、负荷值来校验配电变压器停电信息的准确性。

（4）客户失电告警信息应通过实时召测客户侧低压计量装置的电压、电流、负荷值来校验客户失电告警信息的准确性。

各类告警信息推送到系统前，应在已发布的停电信息范围内进行过滤判断。根据故障告警信息所属设备类型，首先根据其下层子节点故障信息验证告警信息的正确性，然后根据其父节点故障信息研判其故障边界，若研判结果为父节点对应故障信息为 0，则继续进行上层节点的故障信息研判，研判流程如图 3-71 所示。

研判过程如下：

（1）低压线路、配电变压器失电研判。

接收到客户、低压线路、配电变压器层节点失电告警信息或触发相应失电

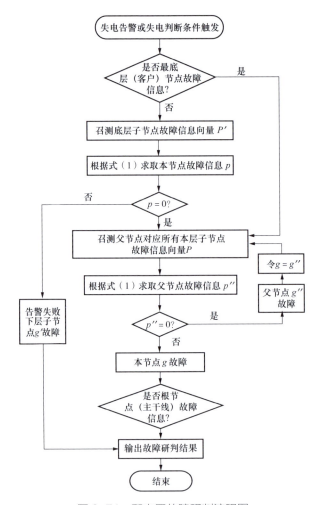

图 3-71　配电网故障研判流程图

判断条件后，首先由上至下根据下层子节点运行信息验证该节点失电信息的准确性，然后由下至上进行电源点追溯至其上层父节点，根据其父节点故障信息判断故障的上层边界。对于低压线路失电，首先依据网络拓扑模型由上至下获取该低压线路 L_j 节点对应的客户层子节点 C_j。通过用电信息采集系统召测子节点的运行信息向量 P_{Cj}，根据 P_{Cj} 校验低压线路失电告警信息的准确性。即

$$p_{Lj} = \begin{cases} 1, C_j P_{Cj} \neq 0 \\ 0, C_j P_{Cj} = 0 \end{cases} \quad （3-2）$$

配电变压器失电的故障研判流程与低压线路故障研判流程类似。对于客户失电，由于客户层为最底层接到客户报修信息或触发低压计量装置失电判断条件后，仅需通过式（3-1）校验失电客户节点 C_i 对应的配电变压器层父节点 T_k 故障信息 T_{kp}，实现故障范围的判断。

（2）分支线、主干线失电研判。

配电变压器、用户运行信息可通过用电信息采集系统提供，而主干线、分支线的运行（故障）信息需通过调度自动化系统、配电自动化系统中开关变位信息，结合配电线路网络拓扑关系获取。

配电系统中开关由出线开关 [CB]、分段开关 [SS]、联络开关 [SL] 组成，以"1"表示开关闭合，"0"表示开关断开，正常供电状态下各类开关状态为 $[CB_l] \equiv 1$；$[SS_m] \equiv 1$；$[SL_n] \equiv 0$，此时，配电网分层拓扑模型中"配电子网—主干线—分支线"三层拓扑可以以开关状态表示为基本拓扑式

$$TP_0=[\text{CB};\text{SS};\text{SL}]=TP_0[1,1,\cdots,1;1,1,\cdots1;0,0,\cdots,0] \qquad （3-3）$$

分段开关 [SS]、联络开关 [SL] 功率有两种流向，利用 $S_{i1}=[b_y, b_x]$ 表示基本拓扑中功率由分支线 b_x 流向 b_y，$S_{i2}=[b_y, b_x]$ 表示相反方向。

接到分支线开关告警或触发分支线失电判断条件后，可根据以下步骤更新网络拓扑关系，获取分支线层节点的运行（故障）信息。

1）读取开关 [CB] 、[SS]、[SL] 状态信息；TP=$[x_1,x_2,x_3,\cdots]$；x_i 根据开关状态为"1"或"0"。

2）遍历所有出线开关 [CB] 的运行状态，若第 i 个主干线层节点 f_i 对应主干线出线开关 $[CB_i]=1$；则其对应分支线层首个子节点运行信息 P_{bi}，=1。该分支线层第 j+1 个子节点运行信息可由式（3-4）求得

$$\begin{cases} p_{bi,j+1}=[\text{SS}_m],(p_{bi,j}=1,\quad \text{SS}_{m,1}=[b_{i,j},b_{i,j+1}]) \\ p_{bi,j+1}=0, \qquad (p_{bi,j}=0,\quad \text{SS}_{m,1}=[b_{i,j},b_{i,j+1}]) \end{cases} \qquad （3-4）$$

3）遍历所有联络开关 [SL] 的运行状态，若 $[SL_k]=1$，并且 $[SL_k]$ 连接的

两条分支线 B_{mx}、B_{ny} 中任一 $Pb_{mx}=1$，则 $Pb_{ny}=1$，然后以联络开关 [SL_k] 为电源点，按照式（3–4）方式对分支线 B_{ny} 所属主干线中所有运行状态为 0 的分支线更新其运行状态，更新时，相应分段开关 [SS] 首末节点位置互换。

接到主干线开关失电告警信息或触发主干线开关失电判断条件后，根据其出线开关运行状态 [CB_j] 及该主干线 f_j 节点对应的分支线和配电变压器层子节点 B_j、T_j 故障信息向量 PB_j 和 PT_j，利用式（3–1）校验失电告警信息的准确性。若 $P_{fj}=0$ 且 [CB_j]=0，则研判为主干线故障。

3. 实现示例

以南昌城区实际配电网故障研判过程为例，基于 95598 营销业务系统接收到万科四季花城居委会某用户失电报修信息，但该台区低压线路未安装采集装置，根据报修用户结构化地址、用户户号等信息，确定该用户所属线路为 10kV 四季 I 线，对应的主干线结构如图 3–72 所示。调用调度自动化系统发现某变电站 10kV 四季 I 线 915 开关未跳闸，线路分支线开关配电自动化未覆盖，无法监测分支线开关运行状态。

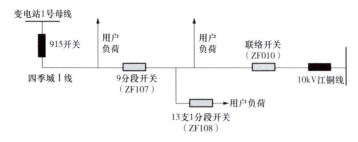

图 3-72　四季 I 线馈线拓扑图

基于配电网故障研判流程和已有的客户层失电信息，依照所示网络拓扑模型由下至上追溯至其所属配电变压器为四季城 10B 配电变压器。记该配电变压器节点为 T_1，通过用电采集系统实时召测该配电变压器所属 10 个用户层子节点运行信息见表 3–66。根据表 3–66 可得该配电变压器台区 T_1

对应的 10 维客户层子节点 C_1 的故障信息向量 $P_{c1}=\{0, 0, \cdots, 0\}^T$，利用式（3-2）计算四季城 10B 配电变压器运行信息 $P_{t0}=0$，可知节点 T_1 配电变压器为四季城 I 线 10B 配电变压器失电。

表 3-66　　　　　　　　节点运行信息表

序号	用户户号	用电地址	电压值 /V	电流值 /A
用户 1	00168×××××	×××× 苑 A 座 101	0	0
用户 2	00168×××××	×××× 苑 A 座 201	0	0
用户 3	00168×××××	×××× 苑 A 座 301	0	0
用户 4	00168×××××	×××× 苑 A 座 401	0	0
用户 5	00168×××××	×××× 苑 A 座 501	0	0
用户 6	00168×××××	×××× 苑 A 座 102	0	0
用户 7	00168×××××	×××× 苑 A 座 202	0	0
用户 8	00168×××××	×××× 苑 A 座 302	0	0
用户 9	00168×××××	×××× 苑 A 座 402	0	0
用户 10	00168×××××	×××× 苑 H 座 502	0	0

确认四季城 I 线 10B 配电变压器失电信息后，继续向上验证其上层节点（分支线）运行信息。根据单线图中四季城 I 线线路结构可知，其对应下层分支线子节点共有 3 个，分别为 9 杆前段、9 杆后段（不包括 13 支 1 杆后段）、13 支 1 杆后段，对应由节点 b_1、b_2、b_3 表示。四季城 10B 配电变压器对应分支线为 13 支 1 杆后段后段 b_3，其结构如图 3-73 所示。

由上图可知，该分支线下层共 8 个配电变压器层子节点。针对每个配电变压器层子节点，根据其客户层子节点运行情况召测信息可以得到四季城 I 线 13 支 1 杆后段 8 个配电变压器节点运行（故障）信息见表 3-67。

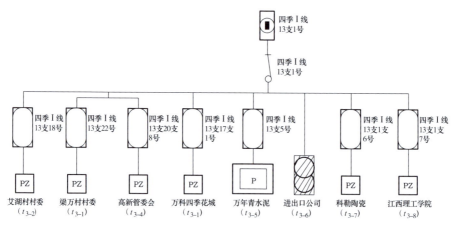

图 3-73   四季城 I 线 13 支 1 杆后段分支线及配电网结构图

表 3-67   四季城 I 线 13 支 1 杆后段配电变压器节点运行（故障）信息表

配电变压器（ t ）	t_{3-1}	t_{3-2}	t_{3-3}	t_{3-4}	t_{3-5}	t_{3-6}	t_{3-7}	t_{3-8}
故障信息（ P ）	0	0	0	0	0	0	0	0

由上表可知，该分支线 b_3 对应的 8 维配电变压器层子节点 T_3 的故障信息向量 $P_{T3}=\{0, 0, \cdots, 0\}^T$，利用式（3-3）计算四季城 I 线 13 支 1 杆后段分支线运行信息 $p_{b3}=0$。可知节点 b_3 四季城 I 线 13 支 1 杆后段分支线失电。确认四季城 I 线 13 支 1 杆后段分支线 T_1 失电信息后，继续向上验证其上层节点（分支线）运行信息。由于分支线开关运行状态无法监测，无法直接通过支线开关状态获取分支线运行（故障）信息，因此，通过分支线下层配电变压器节点运行（故障）信息校验各分支线运行信息。四季城 I 线相关分支线 b_1、b_2 及其所属配电变压器结构如图 3-74 所示。

各配电变压器节点运行信息见表 3-68。

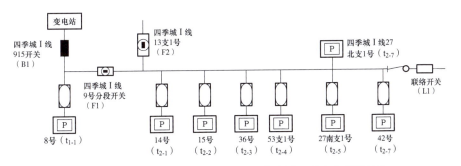

图 3-74 四季城Ⅰ线 13 支 1 杆前段分支线及配电变压器结构

表 3–68 各配电变压器节点运行信息表

配电变压器（t）	t_{1-1}	t_{2-1}	t_{2-2}	t_{2-3}	t_{2-4}	t_{2-5}	t_{2-6}	t_{2-7}
运行信息（P）	1	1	1	1	1	1	1	1

由上可知，分支线 b_1 仅对应 1 个配电变压器层子节点，$P_{t1}=1$，因此 $P_{b1}=1$；分支线 b_2 对应的 7 维配电变压器层子节点 T_2 的故障信息向量 $P_{T2}=\{1, 1, \cdots, 1\}^T$，因此 $P_{b2}=1$；根据式（3–4）计算主干线故障信息 $P_F=1$，由此验证主干线未失电，与艾溪湖变电站内开关运行状态相符。最终的故障研判结果为四季城Ⅰ线 13 支 1 杆分段开关后段分支线故障失电。

配电网抢修指挥人员根据研判结果通知现场抢修人员对四季城Ⅰ线 13 支 1 杆分段开关进行现场检查，确认开关跳闸，并巡视四季城Ⅰ线其他区段线路及配电变压器运行良好，由此证明故障研判结果正确。此次研判，以客户失电报修信息为起点，结合实时召测的相关用户和配电变压器运行信息，基于故障研判策略快速准确地确定故障区域和失电范围，较传统的故障巡视时间大大减少，有效提升了配电网故障处理效率。

二、配电变压器超负荷预警

1. 应用需求

对于南方省份而言，用电负荷高峰期一般出现在冬夏季和传统节假日，当用电高峰期到来的时候，维持对用户的正常供电会导致部分变压器处于超负荷运行的状态，持续此状态将使得变压器正常使用年限缩短，严重时还会出现变压器烧毁的情况。这将对电网造成重大的损失，更是严重影响到了用户正常用电，为了防止以上情况的发生，需要事前评估电网中每台变压器在用电高峰期的负荷情况，以便对用电高峰期超负荷运转的变压器提前进行预警操作。

2. 功能分析

以配电变压器历史过载遥测数据、配电变压器台账数据、天气数据以及法定节假日信息作为训练数据，使用随机森林算法生成配电变压器预警模型，对配电变压器的负荷进行预警。

（1）预测算法模型训练。

基于上述数据采用随机森林算法机器学习集成算法训练模型，构造 30 个模型，分别对未来 30 天进行预测。算法思路如下：

1）算法框架流程。算法框架流程如图 3–75 所示。

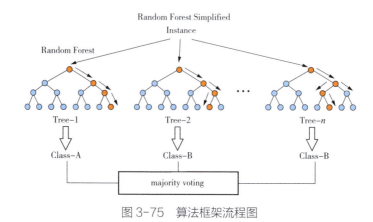

图 3-75　算法框架流程图

流程如下：

①确定一个值 m，表示每个树分类器选取多少个变量。

②数据集中放回的抽取 k 个样本集，用它们创建 k 个决策树分类器。另外还伴随生成了 k 个袋外数据，用来后面做检测。

③输入待分类样本之后，每个树分类器都会对它进行分类，按照所有分类器服从多数原则，确定分类结果。

2）模型训练算法参数。

①随机森林决策树数 n_estimators，建议取值区间在 20~40 之间。

②每棵决策树的最大深度 max_depth，建议取值区间在 15~25 之间。

③样本分裂数 min_sample_split，建议取值区间在 60~80 之间。

④叶子节点最小样本数 min_samples_leaf，建议取值区间在 40~60 之间。

⑤版本号，例如 2017122201。

⑥预测起始时间，例如 2018-01-01。

3）功能流程如下：

获取变压器对应的三项不平衡历史数据集、节假日、天气、区域等数据信息，将以上数据信息通过缺失值填充，属性精简等特征工程操作来前期整理数据集，将整理后的数据集划分为训练集与测试集，使用训练集来训练模型，使用测试集来测试模型的准确度，当模型的准确度大于阈值时，表明该模型对变压器负荷的预测准确率达到预期效果。功能流程如图 3-76 所示。

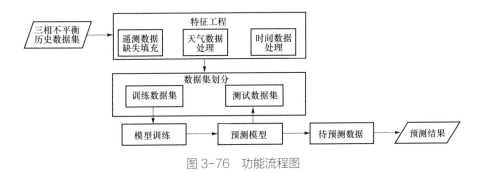

图 3-76　功能流程图

3. 实现示例

（1）数据模型。

1）遥测电流、电压、有功功率、无功功率、发生时间、电功率及负荷值等数据。

2）变压器局号、容量、所属主线、台区编号等配电变压器台账数据。

3）最高气温、最低气温、天气类型等天气数据。

4）历史5年节假日周末、法定节假日信息。

基于模型预测变压器负荷，生成每次预测执行状况与每次的预测结果。

（2）处理过程。

1）数据合并。

因为模型只能处理一个数据源，所以需要将负荷过载遥测数据、配电变压器台账数据、天气数据、法定节假日数据完成整合。

2）数据清洗。

合并之后数据可能会出现部分数据缺失的情况，需要对缺失部分进行填充，并且删除异常数据。

3）构建数据特征工程。

基于数据合并与数据清洗后得到，数据格式见表3–69。

表 3–69　　　　　　　　　　数据格式

序号	属性	序号	属性
1	测量点编号	5	变压器类型
2	区域编号	6	出口电压等级
3	变压器类别	7	是否周末
4	变压器容量	8	是否法定节假日

续表

序号	属性	序号	属性
9	低温	15	用户数
10	高温	16	有功功率
11	天气	17	是否检查
12	时间	18	删除标记
13	接入方式	19	设备性质
14	未使用	20	经济增长率

4）模型训练。

基于上述数据特征选取部分特征进行特征工程操作，具体过程如下：

① 将天气信息表中的 TQ_A 进行字符转换。

其中对含有"雪"的字段转换为 0，对含有"雷阵雨"的字段转换为 1，对含有"阵雨"的字段转换为 2，对含有"多云"的字段转换为 3，对含有"晴"的转换为 4，其余转换为 –1。

② 将台账数据表中的 QUYU 字段进行字符转换。

如："城镇"转换为 1，"农村"转换为 0，"工业园"转换为 2，其余的转换为 –1。

③ 删除所有变压器 yggl 大于变压器容量 1.5 倍的样本，删除 yggl 小于变压器容量 0.15 的样本。

④ 对天气数据中 DW_A 进行离散化处理，小于 5 则转换为 0，小于 15 转换为 1，小于 15 转换为 2，其余为 3。

⑤ 对天气数据中 GW_A 进行离散化处理，小于 10 转换为 0，小于 20 转换为 1，小于 30 转换为 2，其余为 3 构造年、月、日、星期特征，其字段设置为：year、month、day、week。

⑥ 对该样本同一月份的 yggl 做均值（特征工程 pkl 文件）。

⑦ 对样本相同星期 yggl 做均值。

⑧ 对相同 DW 标签做 yggl 均值。

⑨ 对相同 GW 标签做 yggl 均值。

⑩ 对相同 UNWORKDAY 标签做 yggl 均值，对该样本节假日做 yggl 均值，对该样本所有周末的 yggl 均值。

⑪ 添加预测基准时间前三天的 yggl。

⑫ 数据处理流程如图 3-77 所示。

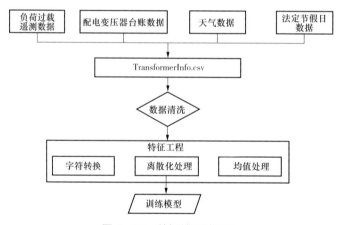

图 3-77　数据处理流程图

5）功能界图。

预警结果集中展示功能，对未来有重过载预警的配电变压器进行集中展示，统计其数量、占比、负载率等信息，根据预警结果生成配电变压器重过载预警工单功能，如图 3-78 和图 3-79 所示。

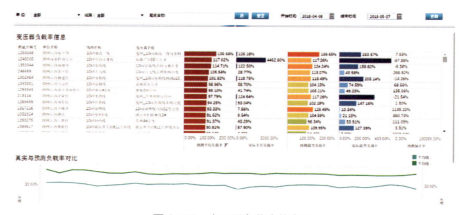

图 3-78　变压器负载率信息图

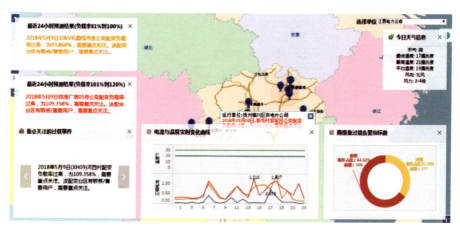

图 3-79　配电变压器重过载预警工单功能图

第四章

供电服务指挥系统日常运行与维护

第一节　日常运行事项

供电服务指挥系统的正常运行与 95598 营销业务支持系统、OMS 系统、EMS 系统、配电自动化系统、用电信息采集系统、PMS、GIS 等相关系统的接口与数据密不可分。供电服务指挥中心人员通过系统开展信息分析、研判、处理、督办等工作。

供电服务指挥中心人员应熟练掌握系统有关模块功能和操作要求，每日定期检查系统运行指标数据，及时掌握系统运行情况。每周对系统运行情况进行分析，对系统数据存在的问题进行统计，并督促相关部门整改，保证系统功能的正常运行和数据准确性。

一、日常运维管理

（1）值班注意事项：当值人员负责本值运行日志的录入，录入内容语句通顺、准确、精炼，并对本值运行日志的准确性、完整性和规范性负责；当值期间定时巡视检查系统运行指标，主要包括系统运行状态、各类工单处置情况等。

（2）交班人员未做好相应的交班准备工作，接班人员未到齐不得进行交接班工作。接班人员应提前 15min 到达值班场所，认真阅读值班日志，及时清除 IE 垃圾并检查系统运行状态，发现异常及时处置。

二、应急处置管理

1. 职责分工

配电网抢修指挥班值班人员在值班期间负责对系统功能开展巡视，发现异常情况及时通知相关部门处理，同时做好值班日志，记录技术支持系统异常及其处理情况。

（1）调控中心负责技术支持系统中 EMS 系统、OMS 系统、配电自动化系统基础数据的维护，并保证基础数据的正确性和及时性。

（2）运维部门负责技术支持系统中 PMS 系统、GIS 系统、配电变压器监测系统基础数据的维护，并保证基础数据的正确性和及时性。

（3）营销部门负责技术支持系统中 95598 营销业务支持系统、用电信息采集系统基础数据的维护，并保证基础数据的正确性和及时性。

2. 应急处置流程

当通信线路故障，值班人员应立即向班长、分管领导汇报，并使用移动通信设备与国网客服中心或省客服中心联系。

遇网络异常或设备停电等原因造成系统信号中断时，值班员应立即向班长、分管领导汇报，并启动市县公司应急机制。若短时间内可以恢复，应由相关部门尽快组织处理，如较长时间才能恢复，应向国网客服（北）中心及省客服中心汇报，临时启用电话直接联系，并做好业务登记，及时派发、督办。

三、后台维护

1. 基本原则

（1）预防为主。坚持"安全第一、预防为主、常备不懈"的管理原则，加强对智能化供电服务指挥系统的日常监控，并提高预防性维护质量，做到及时发现隐患及时处理，保障智能化供电服务指挥系统平台工作的稳定运行。

（2）统一指挥。在科技互联网部统一指挥下，积极开展智能化供电服务指挥系统保障应急处理工作。

（3）分级管理。按照"分级管理、相互协调、各负其责"原则建立突发事件应急处理体系。

2. 组织机构及责任

（1）应急组织机构。

应急组织机构以科技互联网部为主，项目组提供技术支持。

智能化供电服务指挥系统应急处理工作组如图 4-1 所示。

图 4-1　智能化供电服务指挥系统应急处理工作组

（2）指挥机构及职责

1）总指挥：负责组织、审查预防保障方案；突发事件发生时，负责落实上级应急指挥领导小组及科技互联网部下达的应急指令，适时启动和终止应急预案；负责审查故障排查结果。

2）副总指挥：负责组织、制订修改预防保障方案，对影响系统性能的各项指标组织相关小组进行监控；突发事件发生时，对总指挥负责，及时掌握突发事件情况，组织协调相关单位和部门实施应急预案。具体组织各保障小组对网络流量、系统运行等情况进行实时监控，并且组织事件的应急处置及恢复工作，及时向上级应急指挥领导小组汇报；负责组织故障排查并解决。

3）服务器保障小组：负责智能化供电服务指挥系统安全检查、运行保障和日常监测。负责数据库服务器运行、监测；负责数据库的故障应急处理。负责系统应用及标书服务器运行、监测，并负责故障应急处理。

4）网络安全保障小组：网络流量监测点的设置；智能化供电服务指挥系统涉及网络设备检查；负责网络设备故障应急处理。

5）安全保障小组：负责防火墙等安全设备的监测及故障应急处理。

6）技术支持小组：负责双机集群、智能化供电服务指挥系统等方面的专业技术支持。

第二节　系统故障应急预案

一、预防与预警

1. 危险源监控

（1）预防措施。

1）组织展开有针对性的应急演练，提高应急处置突发事件的能力。

2）网络设备、安全设备和服务器设备均采用冗余的方式进行部署，保证应用系统的高可靠性。

3）使用智能化供电服务指挥系统测试用户，每天监控系统运行状态，保证用户的正常使用。

（2）管理员需日常监控的内容。

1）服务器参数监控：使用操作系统命令或监控软件监控各服务器，包括如下参数：CPU 利用率、可用物理内存、磁盘读写、网络吞吐。

2）页面访问监控：监控智能化供电服务指挥系统页面。

2. 预警行动

（1）应急预案的启动和终止。

1）当业务部门反映智能化供电服务指挥系统不能正常使用，或相关工程师发现突发事件后，工程师应立即向科技互联网部突发事件应急处理工作组汇报。

2）在应急预案启动之前，各应急保障小组可采取适当的技术措施，快速定位故障点，同时注意实时监控，并与业务应用部门保持联系。

3）应急处理工作组了解事件情况后，及时向应急处理领导工作组汇报，并请求启动应急预案。

4）各保障小组在接到启动应急预案的指令后，根据故障实际情况，执行预案中的相关操作。

5）故障排除后，所有业务应用恢复正常运行，各保障小组在确认系统正常运行后，按照汇报规定及时向应急处理工作组汇报事件处理结果，应急处理工作组向应急处理领导工作组请求终止应急预案。

6）事件处理完毕后，应急处理工作组应按照有关规定组织或参与对时间原因的调查和对时间处理过程的评估，并向应急处理领导工作组领导汇报。

7）根据事件调查和评估的结果，各部门应采取具体措施对暴露出的问题及时整改，进一步完善和改进事件应急处置的保障体系。

应急预案处理流程主要处理节点如图 4-2 所示。

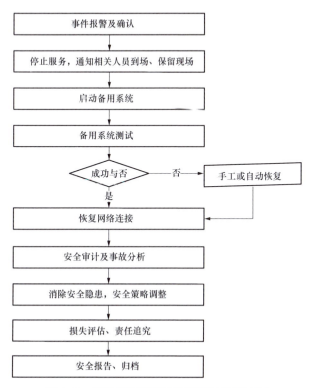

图 4-2 应急预案处理流程主要处理节点图

（2）信息发布程序。

严格执行突发事件与信息发布应急预案的有关要求。

3. 信息报告程序

达到启动应急预案条件时，各级运维单位要在 5min 内上报上级运维单位，上报应急处置工作组领导，并且要告知业务应用部门故障的情况。上报内容包括故障发生的现象、时间、影响范围等。

二、系统应急处置

1. 业务故障

智能化供电服务指挥系统应用宕机现场处置方案见表 4-1。

表 4-1　　　　智能化供电服务指挥系统应用宕机现场处置方案

预案名称	智能化供电服务指挥系统应用宕机现场处置方案		
预案编号	JX-GDFW-20190330-001		
涉及单位/部门	各地市公司		
业务应用（故障现象）影响描述： 1. 智能化供电服务指挥系统应用系统节点无法登录 2. 智能化供电服务指挥系统应用服务异常			
涉及人员及联系方式	单位	职务	联系方式
	信通公司运检中心	智能化供电服务指挥系统专责	150××××××××
	项目组	智能化供电服务指挥系统运维工程师	186××××××××
预案启动条件： 智能化供电服务指挥系统应用系统节点无法登录 智能化供电服务指挥系统应用服务异常			

续表

预案名称	智能化供电服务指挥系统应用宕机现场处置方案		
处置过程			

应急处置过程

序号	操作人员/角色	操作步骤	计划时长（min）
1	系统运维	登录工作机判断故障节点	5

故障恢复过程

序号	操作人员/角色	操作步骤	计划时长（min）
1	系统运维	登录两台以上工作机，不能登录	5
2	系统运维	登录中间件 WebLogic 服务器，查看服务运行状态	5
3	系统运维	修复中间件服务器的服务启动程序	10

预期结果：

重启中间件 WebLogic 等各项服务，服务正常启动

处置要求：

做好智能化供电服务指挥系统中间件服务程序备份

附：详细操作步骤

1. 登录 http://10.×××.×××.×××:×××× 智能化供电服务指挥系统，输入地址后发现 URL 地址无响应。
2. 再选择一台工作机尝试登录上述 URL 地址也无响应。
3. 登录应用服务器，查看服务运行状态。
4. 检查并重新启动中间件服务器各项服务启动程序。通过网页控制台查看各项服务是否正常启动。
5. 确认中间件服务启动后，再登录 http://10.×××.×××.×××:××××，确定已能正常登录。

注意：有时候浏览器会加载缓存中资源，登录页面的时候最好清理下浏览器缓存。避免遇到服务没有启动正确，页面能正常访问的现象

2. 中间件故障

（1）国网江西省电力有限公司智能化供电服务指挥系统中间件服务器故障见表 4-2。

表 4-2　　　　　智能化供电服务指挥系统中间件服务器故障

预案名称	智能化供电服务指挥系统中间件服务器故障现场处置方案			
预案编号	JX-GDFW-20190330-004			
涉及单位/部门	省信通公司			
业务应用（故障现象）影响描述：				
智能化供电服务指挥系统中间件服务器运行状态异常，需进行问题定位和处理				
涉及人员及联系方式	姓名	单位	职务	联系方式
	徐××	信通公司运检中心	智能化供电服务指挥系统专责	150××××××××
	邓××	项目组	智能化供电服务指挥系统运维工程师	186××××××××
预案启动条件：				
智能化供电服务指挥系统中间件服务器运行状态异常				
处置过程：				
应急处置过程				
序号	操作人员/角色	操作步骤		计划时长（min）
1	系统运维	登录中间件服务器检查		5
2	系统运维	查看各项服务启动情况		5
故障恢复过程				
序号	操作人员/角色	操作步骤		计划时长（min）
1	调度人员	发现智能化供电服务指挥系统访问异常，通知专责		5

续表

预案名称		智能化供电服务指挥系统中间件服务器故障现场处置方案	
2	系统运维	检查服务器系统操作日志，分析日志及故障描述，诊断并定位故障，发现服务器出错所在	15
3	系统运维	对出错的服务进行重启，检查系统是否恢复，用户是否可正常访问，并观察启动日志是否有异常	10
4	调度人员	确认业务恢复	5

预期结果：

（1）用户可以登录智能化供电服务指挥系统。

（2）系统日志故障报错消除

处置要求：

执行服务启停操作之前确保服务已停止

附：详细操作步骤

1. 登录中间件 WebLogic 服务器，查看服务运行状态。

2. 检查并重新启动中间件服务器各项服务启动程序。通过网页控制台查看各项服务是否正常启动。

3. 登录系统 http://10.×××.×××.×××:××××/sgpms 查看系统是否可以正常使用，确定故障消除通知调度人员

（2）智能化供电服务指挥系统中间件内存溢出故障见表 4-3。

表 4-3　　　智能化供电服务指挥系统中间件内存溢出故障

预案名称	中间件内存溢出故障现场处置方案
预案编号	JX-GDFW-20190330-005
涉及单位/部门	省信通公司

业务应用（故障现象）影响描述：

1. 中间件内存溢出。

2. 日志中有 java.lang.OutOfMemoryError: Java heap space 报错

续表

预案名称	中间件内存溢出故障现场处置方案			
	姓名	单位	职务	联系方式
涉及人员及联系方式	徐××	信通公司运检中心	智能化供电服务指挥系统专责	150××××××××
	邓××	项目组	智能化供电服务指挥系统运维工程师	186××××××××

预案启动条件：

项目组工程师检查应用，并无内存泄露，评估当前内存配置不足以支撑应用正常运行

处置过程

应急处置过程			
序号	操作人员/角色	操作步骤	时长（min）
1	系统运维	进行中间件服务重启	10min
故障恢复过程			
序号	操作人员/角色	操作步骤	时长（min）
1	系统运维	进行中间件服务虚拟内存配置修改，并重启	30min

预期结果：

中间件服务运行正常，内存无溢出

处置要求：

应用项目组工程师必须严谨评估确认

附：详细操作步骤
查看当前内存设置
ps-ef | grep java | grep –v grep
进程信息中有类似以下信息：/usr/java/jdk1.6.0_45/bin/java –server –Xms1024m –Xmx1024m
扩大内存配置
以上进程信息中粗体部分就是内存设置信息，一般是配置在启动脚本或者 setDomainEvn.sh 中，经项目组工程师评估后，对其进行修改后，重启生效

3. 数据库故障

智能化供电服务指挥系统数据库服务器宕机故障见表 4-4。

表 4-4　　　智能化供电服务指挥系统数据库服务器宕机故障

预案名称	智能化供电服务指挥系统数据库服务器宕机故障现场处置方案			
预案编号	JX-GDFW-20190330-006			
涉及单位 / 部门	信通公司			
业务应用（故障现象）影响描述： 服务宕机，会影响到全省相关用户的使用				
涉及人员及 联系方式	姓名	单位	职务	联系方式
	徐 × ×	信通公司运 检中心	智能化供电服务指挥系 统专责	150 × × × × × × × ×
	邓 × ×	项目组	智能化供电服务指挥系 统运维工程师	186 × × × × × × × ×
预案启动条件： 数据库服务器 ping 不通，系统日志报数据库服务器宕机故障				
处置过程：				

应急处置过程

序号	操作人员 / 角色	操作步骤	时长（min）
1	系统运维	发现数据库服务器无法正常登录	5

故障恢复过程

序号	操作人员 / 角色	操作步骤	时长（min）
1	调度人员	综合网管报数据库服务器 ping 不 通，联系专责	5
2	主机专人员	对宕机服务器进行物理重启	10

续表

预案名称		智能化供电服务指挥系统数据库服务器宕机故障现场处置方案	
3	系统运维	物理重启后，登录服务器，检查Oracle服务状态和运行日志，诊断并定位问题故障为服务状态异常	15
4	系统运维	对宕机的服务执行重启操作后，服务状态恢复正常。结合系统日志，检查相关服务状态定位分析故障点	10
5	调度人员	确认数据库恢复正常，系统可正常访问	5
预期结果：			
系统日志故障报错消除			
处置要求：			
执行服务启停操作之前确保数据库数据已备份			
附：详细操作步骤 1.管理员对宕机服务器进行物理重启。 2.登录数据库服务器。 3.打开 plsql，登录用户名 pssc 查看数据库服务器状态是否正常			

4. 硬件故障

智能化供电服务指挥系统服务器主机故障见表 4–5。

表 4–5　　　　　智能化供电服务指挥系统服务器主机故障

预案名称	主机故障现场处置方案
预案编号	JX–GDFW–20190330–008
涉及单位 /部门	信通公司
业务应用（故障现象）影响描述：	
用户不能正常访问智能化供电服务指挥系统	

续表

预案名称	主机故障现场处置方案			
涉及人员及联系方式	姓名	单位	职务	联系方式
	徐 × ×	信通公司运检中心	智能化供电服务指挥系统专责	150 × × × × × × × ×
	邓 × ×	项目组	智能化供电服务指挥系统运维工程师	186 × × × × × × × ×

预案启动条件：

1. 故障影响用户正常登录及使用智能化供电服务指挥系统。
2. 无法远程登录故障服务器，影响系统运行维护

处置过程

应急处置过程			
序号	操作人员/角色	操作步骤	计划时长（min）
1	主机专责	重启故障服务器，进入硬件诊断模式，根据诊断报告和面板警示灯，初步判断硬件故障原因	10
2	主机专责	更换故障硬件部件，并启动服务器	50
故障恢复过程			
序号	操作人员/角色	操作步骤	计划时长（min）
1	主机专责	重启故障服务器，进入硬件诊断模式，根据诊断报告和面板警示灯，初步判断硬件故障原因	10
2	主机专责	更换故障硬件部件，并启动服务器	50

预期结果：

故障硬件更换完成，主机正常启动。
成功登录主机，启动应用服务

处置要求：

应用程序及数据备份

续表

预案名称	主机故障现场处置方案

附：详细操作步骤

1. 试图远程登录主机，查看主机运行情况，无法正常登录主机。

2. 通知主机专责，检查该主机运行情况

3. 主机专责进入机房查看主机硬件，发现服务器面板警告灯闪烁。

4. 主机专责通知应用专责，初步判断主机硬件出现故障。

5. 应用专责通知业务部门，分析故障影响范围并确认启动 [主机故障现场处置方案]，同时告知调度中心、主机专责。

6. 主机专责立即启动预案，到大楼机房，以诊断模式重启故障主机服务，检查分析诊断报告，排查故障部件。

7. 主机专责利用备品备件，更换故障设备后，立即启动主机设备。

8. 系统正常启动后，主机专责告知应用专责主机硬件故障处理完成。

9. 系统运维远程登录主机后启动应用，并实时监控结点启动运行状态。

10. 故障结点成功启动，经检查无误后，应用专责通知业务部门故障处理完毕，确认应急处置结束，并告知调度中心

5. 接口故障

智能化供电服务指挥系统 IMS 监控指标数据缺少故障见表 4-6。

表 4-6   智能化供电服务指挥系统 IMS 监控指标数据缺少故障

预案名称	IMS 监控指标数据缺少现场处置方案			
预案编号	JX-GDFW-20190330-009			
涉及单位 / 部门	信通公司			
业务应用（故障现象）影响描述： 获取智能化供电服务指挥系统关键指标数据失败				
涉及人员及 联系方式	姓名	单位	职务	联系方式
	徐 × ×	信通公司运检中心	智能化供电服务指挥系统专责	150 × × × × × × × ×
	邓 × ×	项目组	智能化供电服务指挥系统运维工程师	186 × × × × × × × ×

续表

预案名称	IMS 监控指标数据缺少现场处置方案		

预案启动条件：

智能化供电服务指挥系统 IMS 监控指标数据缺少

处置过程

应急处置过程

序号	操作人员 / 角色	操作步骤	计划时长（min）
1	调度人员	发现 IMS 指标数据缺少异常，通知专责	5
2	专责	通知系统运维	5
3	系统运维	排查问题故障登录相关服务器，检查 IMS 指标服务器各项服务是否正常，对宕机的服务执行重启操作后，服务状态恢复正常	10
4	调度人员	确认业务恢复	5

故障恢复过程

序号	操作人员 / 角色	操作步骤	计划时长（min）
1	调度人员	发现 IMS 指标数据缺少异常，通知专责	5
2	专责	通知系统运维	5
3	系统运维	需排查问题故障登录相关服务器，检查 IMS 指标服务器各项服务是否正常，对宕机的服务执行重启操作后，服务状态恢复正常	10
4	调度人员	确认业务恢复	5

预期结果：

主机正常启动

成功登录主机，启动 ims 接口应用服务

处置要求：

续表

预案名称	IMS 监控指标数据缺少现场处置方案
应用程序及数据备份	

附：详细操作步骤

1. 登录 ims 检测的主要应用服务器，对应用状态进行检查。
2. 对宕机的服务执行重启操作后，服务状态恢复正常。
3. 确认业务恢复

6. 重启故障

智能化供电服务指挥系统服务器重启故障见表 4-7。

表 4-7　　　　智能化供电服务指挥系统服务器重启故障

预案名称	重启类故障现场处置方案			
预案编号	JX-GDFW-20190330-010			
涉及单位 / 部门	信通公司			
业务应用（故障现象）影响描述：				
服务器因特殊状况（比如温度过高）而重启，导致服务访问失败				
	姓名	单位	职务	联系方式
涉及人员及联系方式	徐 ××	信通公司运检中心	智能化供电服务指挥系统专责	150 ××××××××
	邓 ××	项目组	智能化供电服务指挥系统运维工程师	186 ××××××××
预案启动条件：				
服务器发生重启				
处置过程				
应急处置过程				
序号	操作人员 / 角色	操作步骤		计划时长（min）

续表

预案名称		重启类故障现场处置方案	
1	系统运维	确认服务器重启故障	10
故障恢复过程			
序号	操作人员 /角色	操作步骤	计划时长（min）
1	调度人员	信息调度发现应用异常，启动应急机制，通知系统运维人员	10
2	系统运维人员	运维人员汇报故障情况，准备故障修复	10
3	系统运维人员	运维人员确认故障节点是否正常	5
4	调度人员，专责	通知调度人员和专责故障是否恢复，并要调度查看状态	5

预期结果：

应用正常，用户能正常访问

处置要求：

应用程序及数据备份

附：详细操作步骤

1. 重启应用服务器，查看智能化供电服务指挥系统相关服务是否正常。

2. 确定故障消除通知调度人员及专责

第五章
智能化供电服务指挥系统展望

近年来，在大数据、云计算、人工智能、物联网、4G/5G 通信等技术驱动下，供电企业的服务方式、服务内容正在迅速发生改变。在目前大力推进电力物联网建设的背景下，智能化供电服务指挥系统作为应用层的组成部分，随着企业中台等平台层的建设推进，逐步向微服务、微应用迁移，以下主要对配用电物联网建设以及供电服务指挥业务高级应用作一展望。

第一节　配用电物联网建设展望

电力物联网就是围绕电力系统各环节，充分应用移动互联、人工智能等现代信息技术、先进通信技术，实现电力系统各环节万物互联、人机交互，具有状态全面感知、信息高效处理、应用便捷灵活特征的智慧服务系统，包含感知层、网络层、平台层、应用层四层结构。

就供电服务指挥业务而言，主要相关的是配电和用电两个环节，本节主要探讨配用电物联网的感知层、网络层、平台层建设，应用层的建设在下一节探讨。

一、感知层

感知层由不同的物联网传感器、边缘计算设备和本地通信网络组成，用于实现设备状态、环节、电网等信息的采集、汇聚和数据的就地处理。配用电物联网的感知层设备主要包括各类配电自动化终端、智能电能表等。

1. 感知层设备

（1）配电终端设备（DTU）。

新型 DTU 除了汇集配电站房内直流屏、保护测控装置、变压器等设备的遥测、遥信、保护信息，实现各电气回路开关设备的分、合控制，还可汇集配电站房内的环境、设备状态、安防等信息，同时实现与辅控设备的联动。本地通信方式可以采用 RS485 总线、以太网、LoRa 等。

（2）馈线终端设备（FTU）。

新型 FTU 除了汇集线路开关的遥测、遥信、保护等信息，实现开关设备的分、合控制，还可汇集附近故障录波指示器、开关状态监测和环境数据。本地通信方式可以采用 4G/5G、LoRa 等。

（3）配电变压器智能终端（TTU）。

新型 TTU 除了汇集变压器负荷、电压、电量及变压器、低压总开关的状态信息，还可汇集低压用户用电、低压配电房环境状态、低压电能质量控制、低压分布式电源接入、电动汽车充电桩控制等信息。本地通信方式为 RS485 总线、以太网、电力载波、微功率无线、LoRa 等。

（4）智能电能表。

新型智能电能表除了汇集电能计量、运行状态等信息，实现预付费控制、阶梯电价、有序用电管理等功能，还可汇集用户能效、智能家居、储能管理、水气数据、新能源接入、电气消防等信息，向多芯化、通信技术升级、满足非计量功能需求的方向持续发展。

（5）智能传感器。

新型的传感器应是融合采集、通信、控制功能为一体的数字化传感器，集成高速处理芯片，可根据需要采集漏电流、电压、温度、湿度、水位、烟感等多种信息，支持信息双向交互，可对多源信息进行综合处理，向低功耗、无源化发展。

2. 感知层功能

针对配电网节点数量多、分布范围广的特点，将 DTU、FTU、TTU、智能电能表作为边缘计算设备，提高配用电业务处理的实时性，降低主站通信和计算的压力，实现就地监测和自动控制功能，如故障预警、故障处理和提升用电质量等功能。

故障缺陷预警：根据配电变压器、断路器、开关柜、站房、环网柜、电缆等设备的状态监测信息，结合设备运行环境和运行工况对设备故障进行预警；根据设备运行温度、湿度、水位等信息联动配电站房内辅控系统启停，根据配电网运行工况和天气对其可能出现的异常情况进行预警，及时处理，避免停电事故的发生。

故障快速处理：FTU 根据不同的接地方式，配合站内保护和选线装置对故障区间进行快速隔离，辅以故障指示器数据对故障区间进行相对精确定位。对低压配电网利用 TTU 与用户电能表之间电力载波通信信号特征对台区拓扑进行识别，根据 TTU 和用电采集信息对停电台区进行自动辨识。

电能质量优化：利用广域同步量测装置结合 TTU、用采数据，支撑线损精益化管理，识别出窃电、漏电等异常工况；根据采集电压、电力波形对用户电能质量进行监测和预警，统筹协调换相开关、智能电容器、SVG 等设备，实现对电网的三相不平衡、无功、谐波等电能质量问题快速响应及治理。实施光伏接入监控、电动汽车分时充电管理等。

二、网络层

网络层用于实现感知层与平台层间广域范围内的数据传输，主要为边缘计算设备与云平台的通信系统建设，配用电通信方式可根据实际情况选择，在城区可优先采用光纤、电力无线专网、5G 公网等通信方式，在山区可选择电力专用 NB-IoT、无线公网实现。

三、平台层

平台层应包括云平台和物联网管理平台，应具备超大规模物联统一管理和高效处理能力。目前企业级的云平台和物联管理平台建设正在推进，各业务系统主站应全面实施云化和微服务化改造，相关软硬件资源由云平台按需统筹提供。

企业中台是云平台的重要组成部分，是将企业共性的业务和数据进行服务化处理，沉淀至相应的业务中台和数据中台，形成灵活、强大的共享服务能力，供前端业务应用构建或数据分析直接调用。

业务中台将各核心业务中共性的内容整合为共享服务，通过应用服务形式供各类前端应用调用，实现业务应用的快速、灵活构建。如客户服务业务中台和电网资源业务中台，实现对公司各业务条线客户和电网资源的整合和共享业务服务构建。

数据中台根据各专业数据共享和分析应用的需求，沉淀共性数据服务能力，通过数据服务满足横向跨专业间、纵向不同层级间数据共享、分析挖掘和融通需求。

第二节　供电服务指挥业务高级应用展望

应用层是泛在电力物联网的最高层级，是直接面对内部业务人员、外部客户的功能界面和窗口，必须满足以客户为中心的快速迭代与创新。以如同 APP 类微应用的形式，在感知层、网络层、平台层数据采集、传输、分析的基础上，高度融合相关各个维度数据和服务，实现对供电企业内部管理、客户服务、增值业务的更快捷、更灵活、更经济的支撑。

一、内部管理类应用

经过多年信息化建设，供电企业已建成覆盖配电网运营和客户服务等业务领域的各层级系统应用，智能化供电服务指挥系统进行了一定程度的数据融合和功能集成，但在跨专业的数据共享与应用方面、在面向基层人员定制化移动化需求的应用方面，仍有较大的提升空间。

故障快速处置与精准主动检修：根据感知层设备上报故障判断和处置信息，实时跟踪分析，判断故障处理是否成功，提升故障管理和自愈能力。结合电网拓扑关系、地理信息，以及设备的基础信息、资产折损率、故障历史情况等数据进行综合研判分析，针对异常开展分级评级，计算判断隐患风险，综合考虑人员、物料可用等约束，优化算法，制定巡视检测和检修计划，建立配电网及设备的动态风险管理和预警体系，变被动抢修为主动服务。

规划系统科学与投资精准高效：兼顾可靠性、可行性、经济性和前瞻性需求，结合区域网架结构、设施设备现状、配电网薄弱环节、用电规模、负荷分布等信息，考虑区域内用电用户特征、经济发展状况、环境地貌、分布式电源等情况，智能制订具有灵活性和经济性的配电网规划方案和投资方案，实现配电网的科学规划与精准投资。

供电可靠性提升与影响因素定位：通过对运行设备的全面感知，结合用户停电数量和停电时长，实现中低压供电可靠性指标和参考指标的实时自动计算，并根据实时及历史数据对供电可靠率性不合格的区域制订相应提高策略。

现场作业远程管控：通过身份识别、电子标签与电子工作票、环境信息监测、远程监控、地理定位等，实现确认对象状态、匹配工作程序和记录操作过程的功能，减少误操作风险和安全隐患，真正实现指挥中心与现场作业人员的实时互动。

智能微网管理：通过各类气象传感器，实时采集风速、风向、温湿度等微气象信息，并通过相应的评估算法对风能、太阳能发电进行预测，优化分布式能源控制和功率调节策略。

二、客户服务类应用

供电方案优化与用电可视化：通过中低压配电网全息感知，开展基于配电网及设备承载能力的可开放容量综合计算，综合考虑客户用电需求及增长趋势、主配电网规划、设备通道路径造价等，为客户提供最优供电方案，利用基于各类 APP 微应用，实现用电客户接入的线上全景展示和交互。

停电准确定位与精准发布：利用智能电能表数据，为用户提供末端配电网事件处理服务，监视并主动发现用户用电异常，制订解决方案并提供处理服务；同时结合智能感知的停复电事件，自动识别停电影响范围及重要敏感用户，生成停电信息并通过短信或微信等手段，点对点精准推送至用电客户，提升客户的用电体验和互动感知。

台区电能质量优化：通过分析台区历史数据和时段、区域特性等数据，优化改进区域电能质量智能调节策略和设备容量配置策略，满足用户高质量用电需求和短时尖峰负荷需求。

负荷特性识别与用电用能优化：以海量的客户用电行为数据为基础，对家庭、企业不同客户群体的用电行为特征进行识别并画像，通过配置合理的中低压终端，为用户提供关键运行及服务信息，包括台区直至用户户内的用电和电能质量信息，结合用户用能特性分析模型，为客户提供包括电能质量治理、用电用能的优化策略以及需求侧响应方案，提升用户电力获得感。

供电服务舆情及时响应：电力供需矛盾、环境保护和可持续发展等问题已受到社会舆论的高度关注，针对文本、视频、声音、图片等各类互联网多媒体数据，利用自然语言处理、机器学习和大数据分析技术，从海量数据中挖掘、提炼关键信息，洞察客户行为，自动形成处置工单推送至相关责任单位、人员，督促及时解决供电服务问题。

三、增值业务类应用

能源平台构建与综合服务拓展：依托"四表合一"平台和通道，在供电、供气、供冷、供热等各种能源供应系统的规划、设计、建设和运行的过程中，对各类能源的分配、转化、存储、消费等环节进行有机协调与优化，提供有效的决策支撑服务，支撑供能多元化、服务多元化、用能方式多元化的客户需求。

新能源灵活消纳与运行智能控制：满足用户在中、低压配电网光伏新能源快速、安全接入，协助用户对电源的管理，优化设备工作性能，形成符合用户用能方式的新能源工作策略，同时实现配电网双向潮流有序化和谐波治理，实现对系统运行方式的灵活调节和电源输出功率实时控制。

电动汽车有序充电与充电桩布点优化：根据日负荷预测信息、当前区域用电信息和用户充电信息，实时拟合当天区域充电曲线，预测用户充电情况，动态调整充电功率和时间。根据分时电价、用户申请充电模式和预测负荷曲线，提供多种优化充电策略，引导用户选择适当充电方式，实现充电效益最大化和电网削峰填谷要求，并为充电桩布点优化提供支撑。

区域能源灵活组网与协调互补：实现源、网、荷、储的全面协调控制，将一个或多个以配电台区为单位的智能微电网弹性互联，灵活定制组网，构建区域能源管理平台，实现各微电网之间的能源协调互补，为微电网提供全新的协作手段和优化能力，为每个用户提供准确的智能化发电、蓄电和用电三位一体的平衡服务。

行业分析咨询服务：开展基于时间、产业、地域等多维度电量数据、用电特性分析，提供社会生产及经济增长态势研判分析报告，增强政府部门监管能力和决策效率；开展入网设备缺陷/故障相关的运行数据分析，向电工装备企业提供其产品或同类产品的质量分析报告，推动电工装备企业产能升级、高效发展。